ŒUVRES COMPLÈTES

DE

E. T. A. HOFFMANN

CONTES FANTASTIQUES

PARIS

OEUVRES COMPLÈTES

DE

E.-T.-A. HOFFMANN.

Troisième Livraison.

La première livraison des Contes Fantastiques, de E.-T. A. Hoffmann, a paru il y a deux mois ; elle contient : — le Majorat, — le Sanctus, — Salvator-Rosa, — le Violon de Crémone, — Marino Faliéri, — la Vie d'Artiste, — le Bonheur au Jeu, — le Choix d'une Fiancée, — et le Spectre Fiancé. 4 vol. in-12, papier satiné, vignettes, prix : . . . . . 12 fr.

La seconde livraison contient : le Sablier.—La Cour d'Artus. —Don Juan.—Gluck.—Agafia.—Mademoiselle de Scudéry.— Zacharias Werner.—Maître Martin le tonnelier et ses apprentis. —L'Église des Jésuites.— Maître Floh, sept aventures. 4 vol. in-12, papier fin satiné, vignettes, prix : . . . . . 12 fr.

IMPRIMERIE DE A. BARBIER.

CONTES
FANTASTIQUES

DE

E.-T.-A. HOFFMANN.

XII.

PARIS.
Eugène Renduel,
1830.

CONTES
FANTASTIQUES

DE E. T. A. HOFFMANN,

TRADUITS DE L'ALLEMAND

PAR M. LOÈVE-VEIMARS,

ET PRÉCÉDÉS

D'UNE NOTICE HISTORIQUE SUR HOFFMANN,

Par Walter Scott.

TOME XII.

PARIS.
EUGÈNE RENDUEL,
ÉDITEUR-LIBRAIRE,
RUE DES GRANDS-AUGUSTINS, N° 22.

1830.

LES CONTEMPLATIONS
DU CHAT MURR,

ENTREMÊLÉES ACCIDENTELLEMENT

DE LA

BIOGRAPHIE

DU MAITRE DE CHAPELLE JEAN KREISLER.

CONTES FANTASTIQUES.

QUATRIÈME PARTIE.

QUINZIÈME FRAGMENT.

Kreisler fut obligé de se rendre de bon matin dans les appartemens du prieur. Il trouva le révérend seigneur occupé à ouvrir avec des instrumens une grande caisse contenant un tableau, à en juger du moins par la forme.

—Ah, dit le prieur en voyant Kreisler, je suis bien aise de votre arrivée; vous pourrez m'aider à faire un travail pénible. Cette caisse est fermée par mille clous, comme si elle ne devait jamais être ouverte. Elle vient tout droit de Naples et contient un tableau que je désire mettre dans mon cabinet pour le moment, sans le montrer aux frères. C'est pour cela que je n'ai pas voulu les appeler, mais vous m'aiderez.

Kreisler mit la main à l'œuvre, et bientôt après ils retirèrent un grand tableau dans un cadre doré magnifiquement. Le maître de chapelle fut étonné de voir qu'un très-beau tableau de Léonard de Vinci, représentant la Sainte Famille, avait disparu au-dessus du petit autel dans le cabinet du prieur; ce dernier le regardait comme un des meilleurs de sa galerie, riche en originaux, et cependant, ce chef-d'œuvre avait fait place à un tableau, dont la grande beauté, non moins que la nouveauté, frappèrent Kreisler au premier coup-d'œil.

Après avoir attaché à grand'peine le tableau contre le mur, le prieur se mit dans le beau jour et le contempla avec tant de plaisir, avec une satisfaction si visible, qu'on devait supposer qu'il y trouvait, en outre de sa beauté, un intérêt extraordinaire. Le sujet du tableau était un miracle. Entourée d'une lumière céleste, on voyait la sainte Vierge, dont la main gauche portait une branche de lis. Des deux doigts de la main droite, elle touchait la poitrine d'un jeune homme inondé de grosses gouttes de sang qui sortaient d'une large blessure. Le jeune homme se relevait à moitié de dessus le lit sur lequel il était couché, et paraissait revenir d'une léthargie mortelle, car ses yeux étaient à demi fermés; mais le doux sourire qui était répandu sur son beau visage montrait qu'il voyait la mère de Dieu en songe, que la douleur de sa blessure était calmée, et que la mort n'avait plus de pouvoir sur lui. Tout connaisseur devait admirer la sévérité du dessein, l'heureux ensemble, la juste répartition de la lumière et de l'ombre, le grandiose dans les draperies, la grâce imposante de Marie et surtout la fraîcheur des couleurs, que les artiste modernes possèdent rarement. Mais ce qui trahissait le mieux le génie de l'artiste, c'était l'expression indéfinissable des figures. Marie était la plus belle femme qu'on pût voir, et cependant son front décelait la majesté imposante du ciel, ses yeux foncés brillaient du doux feu de la béatitude éternelle. Le ravissement du jeune homme revenant à la vie, était aussi conçu et exécuté avec toute la vigueur d'un génie créateur. Kreisler ne se souvenait pas d'avoir jamais vu un tableau moderne, qui fût à comparer à cet excellent ouvrage et il le dit au prieur en s'étendant sur chaque beauté qu'il remarquait.

— Il y a une bonne raison pour cela, et que je vous dirai, répondit le prieur. Sans doute nos jeunes artistes étudient, composent, dessinent, remplissent des cartons, et leurs productions n'en sont pas moins froides, sans action sur la vie, parce qu'elles en manquent elles-mêmes. Au lieu de copier soigneusement les œuvres d'un ancien maître, qu'ils ont choisi pour modèle, et de se pénétrer ainsi de son genre, ils veulent être modèles eux-mêmes en traitant le même sujet; mais cela les entraîne à une imitation des accessoires, qui les rend aussi petits, aussi ridicules que tel autre qui veut imiter un grand homme en toussant et crachant comme lui. Nos jeunes peintres manquent de cet enthousiasme qui fait qu'une idée se change en vie et qu'ils la voient pour ainsi dire devant les yeux. On en voit de temps en temps qui se tourmentent pour sentir cet enthousiasme sans lequel rien de beau ne saurait être créé; mais ce qu'ils prennent pour cette extase, qui transportait l'âme des anciens maîtres, n'est autre chose qu'un assemblage d'une orgueilleuse admiration pour sa propre conception et d'un soin puéril d'imiter l'ancien modèle dans les plus petites particularités. Souvent l'idée vitale, qui aurait dû charmer dans l'exécution, devient une grimace repoussante. Nos jeunes peintres ne se rendent pas assez nettement compte de leurs idées, et c'est peut-être pour cela qu'ils manquent toujours le coloris, même quand le reste est assez bien? En un mot, ils savent dessiner mais non pas peindre. L'assertion que nous avons perdu la manipulation des couleurs, et que nos jeunes peintres ne travaillent pas assez, me paraît très-fausse. D'abord la peinture, ne s'étant vraiment développée que sous le christianisme, n'a pas cessé depuis, par les travaux des maîtres et des écoliers, de former une chaîne non interrompue; et le changement des choses humaines, tout en agissant sur les principes de la vérité, n'a eu aucune influence sur l'exécution mécanique. Ensuite, on pourrait reprocher aux artistes plutôt trop d'étude que trop peu. J'en connais un qui corrige constamment ses peintures; le commencement en fût-il même bon, il leur donne une teinte pâle et les rend peut-être semblables à ses conceptions. Voilà un tableau qui respire la vie parce qu'il a été créé dans un moment d'enthousiasme. Le miracle est facile à deviner : ce jeune homme, se relevant sur son lit, fut attaqué et blessé à mort par des assassins. Dans ce moment, quoiqu'ayant des sentimens pervers, quoique méprisant les loix de l'église dans son aveuglement affreux, il appela la Sainte-Vierge à son secours, et la mère de Dieu daigna le rappeler de la mort pour qu'il reconnût son erreur, et se vouât pieusement à l'église. Le jeune homme, ainsi secouru, est le peintre du tableau, lui-même.

Kreisler exprima son étonnement, et remarqua que le miracle devait alors avoir eu lieu à une époque très-récente.

Vous aussi, mon cher Jean, dit le prieur avec douceur, vous êtes aussi de cette fausse opinion, que la porte du ciel est fermée, que la pitié, la miséricorde, sous la forme du saint que l'homme invoque au moment de sa perte, n'y peut plus passer pour lui apporter la paix et la consolation. Croyez-moi, Jean, les miracles n'ont jamais cessé, mais la vue de l'homme est affaiblie par ses péchés, il ne peut plus supporter la lueur brillante du ciel, ni reconnaître la grâce de la puissance éternelle, quand elle se rend visible. Les miracles les plus sublimes sont ceux qui se passent dans le cœur de l'homme, et ce sont eux qu'il doit annoncer comme il peut, par la parole, la peinture ou la musique. C'est ainsi que le moine qui peignit ce tableau a annoncé le miracle de sa conversion, et c'est ainsi que vous, Jean, — mon cœur me force de parler de vous, — vous annoncez par des harmonies sublimes le miracle que la puissance divine a daigné faire pour vous, en vous donnant cette faculté.

Kreisler fut vivement ému à ces paroles; la foi s'élevait avec plus de force que jamais dans son génie créateur et lui causait un bonheur inexprimable.

Pendant cette conversation, Kreisler n'avait pas détourné les yeux de la peinture, et comme dans quelques tableaux vivement éclairés sur le premier plan, on n'aperçoit les figures du fond que plus tard, il vit un homme enveloppé d'un large manteau, tenant un poignard dans la main, éclairé par un rayon de gloire de la Vierge, qui sortait par la porte. C'était évidemment l'assassin, qui retournait la tête en fuyant, et ses traits portaient l'expression de l'effroi et de l'horreur. Kreisler fut comme frappé par la foudre en reconnaissant dans le visage de l'assassin les traits du prince Hector, il lui semblait aussi avoir vu pendant un instant seulement le jeune blessé, mais il n'en dit rien au prieur sans savoir pourquoi. Il lui demanda, pour faire diversion, s'il ne trouvait pas inconvenant que le peintre eût placé sur l'avant-scène, quoique un peu dans l'ombre, des habillemens modernes, et qu'il eût choisi ce costume pour lui-même.

Il se trouvait, en effet, dans un coin du tableau une petite table avec un chapeau d'officier orné d'un panache, un sabre, et tout près une chaise couverte par un schal. Le jeune homme avait une chemise moderne, un gilet tout ouvert et une redingote de couleur foncée, qui permettait cependant une jolie draperie. La Vierge était comme on la voit sur les tableaux des meilleurs peintres anciens.

Cette avant-scène, répondit le prieur,

ainsi que la rodingote du jeune homme, non-seulement ne me choquent pas, mais il me semble même que le peintre aurait été pénétré d'une vanité très-mondaine et non de la grâce céleste, s'il avait dévié de la vérité dans la plus petite chose. Il devait présenter le miracle tel qu'il s'est passé en reproduisant les lieux, l'habillement, etc., de manière que chacun pût voir au premier coup-d'œil que cela s'est passé de nos jours; le tableau du pieux moine devient ainsi, dans ces jours de doute et de perversité un trophée de l'église victorieuse.

— Et pourtant, répondit Kreisler, je suis choqué de ce chapeau, de ce sabre et de ce schal, je voudrais que le peintre les eût omis, et se fût entouré d'une draperie au lieu d'une redingote. Dites vous-même, révérend père, pouvez-vous vous imaginer un St.-Joseph en robe de chambre, un Jésus en habit, une vierge en robe avec un schal turc? Cela ne vous paraîtrait-il pas une vraie profanation? Et cependant les anciens peintres, et surtout les Allemands, ont représenté toute l'histoire sainte dans le costume de leur temps, et certes, il ne convenait pas mieux que le nôtre, qui, je l'avoue, à l'exception de quelques modes des femmes, est assez absurde. Les costumes de l'antiquité étaient outrés, affreux même, témoin les souliers à pointe recourbée d'une aune de long, les pantalons bouffans, les juste-au-corps et les manches découpées, etc., et plus encore ces habillemens de femmes, défigurant le visage et la taille, qui donnaient à une jeune et belle personne la mine d'une vieille, et cependant ces tableaux ne choquaient certainement personne dans leur temps.

— C'est à présent, mon cher Jean, répondit le prieur, que je puis vous montrer en peu de mots la différence de la pieuse antiquité et de la perversité du temps présent. L'histoire sainte était autrefois tellement empreinte dans tous les cœurs, que chacun croyait avoir vu les miracles et s'attendait à les voir se renouveler. Le peintre croyait assister à tous les événemens de la bible, à laquelle il avait voué son cœur, et tel qu'il les avait vus il les représentait. Aujourd'hui cette histoire nous paraît surannée, étrangère, sans influence sur le présent, ne conservant qu'une faible lueur dans notre souvenir; l'artiste cherche en vain à donner la vie à ses idées; son âme, quoi qu'il en dise, est affaiblie par les passions mondaines. Il est également ridicule de reprocher aux anciens peintres le manque de connaissance des costumes, et de voir les peintres de nos jours imiter les costumes les plus absurdes des temps moyens dans la représentation de l'histoire sainte, ils prouvent par là que leur idée n'a jamais été à eux, et qu'ils ne font que copier les anciens maîtres; parce que le présent est trop profane pour ne pas faire un contre-sens avec les pieuse légendes, parce que personne ne peut imaginer ces miracles comme arrivés parmi nous; voilà pourquoi leur représentation dans notre costume nous paraît absurde et profane. Mais si la puissance divine daignait faire un miracle devant nos yeux, il serait très-inconvenant de changer le costume du moment; par la même raison les peintres d'aujourd'hui sont obligés d'observer autant que possible les costumes de l'antiquité. Le peintre de ce tableau avait donc raison d'indiquer le temps, et tous ces objets que vous trouvez inconvenans me remplissent d'un saint effroi; car je crois entrer dans cette petite maison à Naples où le miracle eut lieu il y a peu d'années.

Kreisler était assez de cet avis, mais il pensait au fond du cœur que le prieur parlait trop en moine, de la piété du temps passé et de la perversité du temps présent, en demandant des miracles, des extases, dont un cœur pieux, étranger à l'exaltation convulsive d'un culte fanatique, n'avait aucunement besoin pour exercer la vertu. Que du reste cette vertu n'avait point disparu, et que Dieu, dans le cas où il nous eût abandonnés, ne voudrait plus nous ramener par des miracles.

— Il me semble, dit Kreisler, regardant toujours le meurtrier, dont l'original ne pouvait être autre que le prince Hector, il me semble, révérendissime seigneur, que je vois là, au fond, un brave Robin-des-bois qui vise l'animal le plus noble, c'est-à-dire l'homme, en le guettant de toutes les manières possibles. Ici, il s'est très-bien servi d'une arme tranchante, à ce que je vois; mais il est bien maladroit avec les armes à feu, car il a manqué dernièrement un beau cerf dans la forêt. — En effet je me sens bien tenté de connaître le *curriculum vitale* de ce brave chasseur; ne fût-ce même qu'en abrégé. Je verrais alors si je ne ferais pas mieux de m'adresser tout directement à la Sainte-Vierge pour obtenir une lettre de protection.

— Laissez venir le temps, reprit le prieur, et sous peu vous verrez s'éclaircir bien des choses. Il est possible que vos vœux, que je connais seulement à présent, soient heureusement accomplis. Il est très-singulier, je puis vous l'avouer, qu'à Sieghartshof tout le monde soit dans la plus grande erreur sur votre compte. Le maître Abraham est peut-être le seul qui ait lu dans votre cœur.

— Vous connaissez ce vieillard? demanda Kreisler avec étonnement.

— Vous oubliez, reprit le prieur en souriant, que notre orgue doit ses beaux sons à l'adresse de maître Abraham, mais en voilà assez; attendez l'avenir avec patience.

Kreisler prit congé du prieur, et voulut descendre dans le parc pour donner cours à une foule d'idées, lorsqu'il s'entendit appeler au bas de l'escalier: — *Domine*, maître de chapelle, *paucis te volo!*

C'était le père Hilarion, qui, à ce qu'il disait, avait attendu la fin de la conversation entre Kreisler et le prieur avec la plus grande impatience. Il venait de remplir ses devoirs et de mettre en bouteille le vin du Rhin le plus exquis. Il invitait Kreisler à en boire un verre, pour en apprécier la bonté et le feu, dignes d'inspirer un vrai compositeur.

Kreisler savait qu'il était impossible de refuser le père, et il n'était pas fâché de s'égayer par un bon verre de vin. Il suivit donc le gai sommelier dans sa cellule où il trouva sur une petite table couverte d'une serviette bien blanche, une bouteille, du pain blanc bien frais et de l'anis sauvage.

— *Ergo bibamus!* s'écria le père, qui remplit les verres et trinqua gaîment avec Kreisler.

— N'est-ce pas, dit-il ensuite, que notre révérend prieur voudrait bien vous fourrer dans notre habit long? — Ne le faites-pas! — Moi, je me trouve bien sous le capuchon et je ne voudrais pas l'ôter pour tout l'or du monde; mais *distinguendum est inter et inter!* Moi, je ne connais rien au-dessus d'un bon verre de vin et d'un beau chant d'église, mais vous, vous êtes réservé à tout autre chose, la vie vous sourit autrement, d'autres cierges vous attendent que ceux de l'autel! Pour parler franchement...... trinquez. — Vive votre bien-aimée, et à vos noces je vous promets que le prieur, malgré ses regrets, vous enverra le meilleur vin qui se trouve dans notre cave.

Kreisler se sentit blessé par ces paroles, comme lorsque nous voyons quelque chose de beau et de délicat saisi par des mains maladroites.

— C'est donc là, dit-il en retirant

son verre, tout ce que vous savez dans vos quatre murs!...

— *Domine Kreislere*, s'écria le père Hilarion, ne vous fâchez pas, *video mysterium*, mais je n'en soufflerai mot, si vous ne voulez pas. — Eh bien! déjeunons *in camera et faciemus bonum cherubim.* — *Et bibamus*. Que le seigneur veuille bien nous conserver la paix et le bonheur qui ont régné ici jusqu'à présent.

— Êtes-vous donc en danger de les perdre? demanda Kreisler avec curiosité.

— *Domine*, lui répondit le père en baissant la voix, *domine dilectissime!* Vous êtes depuis assez long-temps chez nous pour savoir dans quelle union nous vivons, et comment les goûts les plus opposés des frères se réunissent dans une certaine gaîté qui est entretenue par le lieu que nous habitons, par la douceur des règles du couvent, enfin par toute notre manière de vivre. — Peut-être cela est-il prêt de finir! Sachez donc, Kreisler, que le père Cyprien vient d'arriver, qu'on l'attendait depuis longtemps, et que le pape lui-même l'a recommandé au prieur. C'est un jeune homme encore, mais sur cette figure froide et morte il n'y a plus une trace de douceur; ses sombres traits annoncent au contraire la sévérité du fanatique. Ses manières trahissent en même temps un mépris haineux de tout ce qui l'entoure, qui prend peut-être sa source dans le sentiment de sa supériorité morale. Il a déjà pris des informations sur nos règles et paraît très-choqué de notre manière de vivre. — Faites attention, ce nouveau venu renversera tout cet ordre qui nous a fait tant de bien. Faites attention, *nunc probo* : Ceux qui aiment la sévérité, parmi nous, se rallieront à lui et formeront bientôt contre le prieur un parti qui remportera la victoire, parce que je crois que le père Cyprien est un émissaire de sa sainteté le pape, et que le prieur sera obligé de lui céder! — Kreisler, que deviendra notre musique et votre aimable séjour chez nous! — Je lui parlai de notre chœur bien organisé et comment nous étions en état d'exécuter assez bien les premiers chefs-d'œuvres; mais ce sombre fanatique me fit une horrible grimace, et répondit que la musique était pour le monde profane et non pour l'église, de laquelle le pape Marcellus II devait la bannir avec raison. — *Per diem*, s'il n'y avait plus de chœur, et si on me fermait ma cave!... Mais pour le moment, *bibamus*. — Il ne faut pas se chagriner avant le temps.

Kreisler dit que peut-être l'étranger paraissait plus sévère qu'il ne l'était en effet, et qu'il n'était guère problable que le prieur, avec autant de fermeté de caractère qu'il en avait, cédât facilement à la volonté d'un moine, d'autant plus qu'il ne manquait pas dutout de liaisons puissantes à Rome.

Dans ce moment on entendit les cloches qui annonçaient la réception solennelle du frère Cyprien dans l'ordre de Saint-Benoît. Kreisler se rendit avec le père Hilarion, qui but précipitamment le reste de son vin en marmottant avec effroi : *Bibendum quid.* Des croisées du corridor par lequel ils passèrent, on pouvait voir dans les appartemens du prieur.

— Voyez, voyez, s'écria Hilarion en tirant Kreisler dans un angle de la croisée.

Celui-ci regarda avec attention et vit dans le cabinet du prieur un moine, avec lequel le premier parlait très-vivement, le visage couvert de rougeur. Le prieur s'agenouilla enfin, et le moine lui donna sa bénédiction.

— Ai-je raison, dit Hilarion à voix basse, quand je crois voir quelque chose d'extraordinaire dans ce moine, qui nous tombe comme de la lune.

— Certes, repondit Kreisler, ce Cyprien est un personnage fort remarquable.

Le père Hilarion se joignit aux frères pour entrer dans l'église en procession solennelle, la croix en avant, et les frères laïques portant des cierges.

Le prieur et le moine étranger passèrent tout près de Kreisler qui reconnut au premier regard que le frère

Cyprien était ce même jeune homme, que la Vierge rappelait à la vie dans le tableau. — Mais une autre idée le saisit; il monta précipitament dans sa chambre, chercha le petit portrait que maître Abraham lui avait donné, et vit ce même homme, plus jeune et plus frais, habillé en officier, quand.......

LE MANUSCRIT DE MURR.

L'oraison touchante de Hinzmann, le repas funèbre, la belle Mina, Mismise retrouvée, la danse, tout cela avait excité dans mon cœur une lutte des sentimens les plus opposés; je ne savais où donner de la tête, et cette profonde désolation me faisait presque désirer d'être enterré dans la cave avec mon ami Mucius. C'était un peu fort, je l'avoue, mais je ne sais ce que je serais devenu sans mon génie poétique, qui me suggéra aussitôt une foule de vers, que je ne tardai pas à mettre sur le papier. — La source divine de la poésie se trahit surtout en ce que la fabrication des vers, quelques gouttes de sueur que coûte parfois la rime, cause un bien-être intérieur miraculeux, qui, non-seulement console de toute douleur terrestre, mais qui fait oublier même la faim et tous les maux.

L'effet de la composition était trop puissant sur moi; je ne pus m'arrêter à un poème, et j'en fis plusieurs de suite avec une égale facilité, un égal bonheur. Je les communiquerais ici au bienveillant lecteur, si je ne songeais à les publier avec d'autres impromptus et bons mots, que j'ai faits dans mes momens perdus, et qui m'ont déjà fait crever de rire. — Je dois dire à ma gloire que, même dans ma jeunesse où le feu des passions n'était pas encore éteint, mon esprit éclairé, mon sentiment délicat pour les convenances, eurent toujours le dessus dans les momens d'entraînement purement sensuel. C'est ainsi que j'étouffai entièrement cet amour subit pour la belle Mina. En y réfléchissant mûrement, je reconnus que cette passion était assez folle, et j'appris aussi que Mina, malgré son extérieur doucereux, était une petite fille hardie et capricieuse, qui, en certaines occasions, lançait ses griffes aux yeux des jeunes chats les plus modestes. Pour m'épargner toute rechute, j'évitai soigneusement Mina, et craignant l'extravagance et les prétendus droits de Mismise, je restai dans ma chambre, et ne visitai plus ni toit, ni cave, ni grenier. Le maître en parut content; il me permit de m'asseoir derrière lui sur la chaise quand il étudiait, et de regarder, le cou tendu, dans le livre qu'il lisait... C'étaient d'assez jolis livres, que nous lisions ainsi ensemble, par exemple Arpé, *De prodigiosis naturæ et artis operibus, talismanes et amuleta dictis*, les souvenirs de François Pétrarque, etc. Cette lecture me distrayait agréablement, et donnait un nouvel élan à mon esprit.

Un jour, le maître était sorti, le soleil brillait, l'air si doux du printemps entrait par la croisée, j'oubliai mes projets, et j'allai me promener sur le toit. Mais à peine y fus-je arrivé, que je vis sortir de derrière la cheminée la veuve de Mucius. — Je restai anéanti.

— Déjà j'entendais les reproches, les assurances d'amour dont on m'accablait. — Crainte inutile, car le jeune Hinzmann vint au même moment, appela la belle veuve d'un nom très-doux, elle s'arrêta, le reçut avec beaucoup d'amabilité, tous deux se parlèrent avec l'expression franche d'une tendresse réciproque, et passèrent ensuite devant moi sans me saluer. Le jeune Hinzmann en était certainement honteux, car il détourna la tête et baissa les yeux; mais la veuve, coquette et légère, me lança un regard.

Le matou, en ce qui regarde son moral, est une créature bizarre. — N'aurais-je pas pu, n'aurais-je pas dû être satisfait de voir que la veuve de Mucius était pourvue d'un autre amant, et cependant je ne pus étouffer un dépit violent, qui ressemblait presqu'à la jalousie. Je jurai de ne jamais plus visi-

.ter le toit où j'avais essuyé une telle insulte. Je montais seulement sur le bord de la croisée, me chauffant au soleil, regardant dans la rue, faisant des réflexions profondes, et unissant ainsi l'agréable à l'utile.

Un jour, je m'étonnai de ce qu'il ne m'était pas encore venu en tête de m'asseoir à la porte de la maison ou de me promener dans la rue, comme je voyais mes camarades le faire sans crainte. Je me fis un doux tableau de cette liberté, et je restai convaincu que, parvenu à un âge mûr, et après tant d'expériences, je n'avais plus à redouter les dangers qui m'accablèrent quand le sort me jeta dans le monde, encore enfant. Je descendis donc courageusement l'escalier, et m'assis d'abord sur le seuil de la porte, au soleil. Il est inutile de dire que je pris une position qui devait montrer à chacun le matou

cultivé et bien élevé. Je m'y plus excessivement. Pendant que le soleil chauffait doucement ma fourrure, je me nettoyais gracieusement la gueule et la barbe avec ma patte. Deux jeunes filles, venant de l'école à en juger d'après leurs grands cartons fermés à clé, non-seulement exprimèrent le plaisir qu'elles trouvaient à me voir, mais me donnèrent encore un morceau de pain au lait, que je reçus très-galamment, selon mon habitude. Je jouais plutôt avec le présent qu'on m'avait offert, que je ne m'apprêtais à le manger, quand, à mon effroi mortel, une grosse voix interrompit mon jeu, et que j'aperçus le barbet Scaramouche, oncle de Punto. Déjà je voulais rentrer dans la maison, mais Scaramouche me cria :
—Ne crains rien, crois-tu que je veuille te manger?

Je demandai avec la politesse la plus

soumise en quoi je pourrais servir M. Scaramouche ; mais il me répondit durement :—En rien, en rien du tout, M. Murr, et comment le pourriez-vous ? Je voulais te demander seulement si tu sais où est ce mauvais sujet de Punto, mon neveu. Il s'est déjà une fois associé avec toi, et vous avez l'air de ne faire qu'un cœur et qu'une âme, à mon grand dépit. Eh bien ! dis seulement si tu sais où ce coquin se traîne ; je ne l'ai pas vu depuis plusieurs jours.

Embarrassé des manières hautaines et méprisantes du vieux barbet, je répondis froidement, qu'il n'avait jamais été question d'une amitié intime entre le jeune Punto et moi ; que, dans les derniers temps, il s'était tout-à-fait retiré de moi et que je n'avais pas cherché à le revoir.

—Eh bien, murmura le vieux, je suis enchanté d'apprendre que le garçon à de l'honneur dans le corps et qu'il n'est pas toujours prêt à s'associer avec des gens crapuleux.

Le ton était insupportable, la colère l'emporta, j'oubliai toute crainte, et levant la pate droite dans la direction de l'œil gauche du barbet, je murmurai avec rage : — Vieil impertinent ! le vieux recula de trois pas et dit avec plus de douceur : — Eh, eh, Murr ! ne vous fâchez pas ! vous êtes un bon matou et je voulais seulement vous conseiller d'être sur vos gardes avec ce coquin de Punto. Il est bon, vous pouvez m'en croire, mais léger, disposé à toutes les extravagances, sans caractère, sans mœurs ! prenez-y garde, vous dis-je, car il vous entraînera bientôt dans des sociétés où vous ne devez pas aller, où vous serez obligé de vous conformer avec une peine infinie à un genre de manières, entièrement étrangères à votre nature, où vous perdrez votre individualité, votre caractère franc et ouvert, tel que vous venez de me le montrer. Voyez, cher Murr, je vous le répète, vous êtes estimable comme matou; prêtez l'oreille à un bon conseil ! — Un jeune homme a beau faire des sottises et pis, pourvu qu'il montre de temps en temps cette bonté molle et souvent doucereuse, qui est dans la nature de tous les tempéramens sanguins, on dit tout de suite avec cette expression française : *Au fond*, il est bon enfant ! et cela doit excuser tout ce qui se fait contre l'ordre et les convenances. Mais le fond, le germe du bien, est couvert par la boue d'une vie dissolue qui l'étouffe.

Fiez-vous, matou, aux expériences d'un vieux barbet qui a vécu dans le monde, et ne vous laissez pas séduire par ce maudit : *Au fond il est bon en-*

fant. — Si vous voyez mon neveu, vous pouvez lui redire tout ce que je viens de vous raconter, et le remercier de son amitié. Adieu ! ne mangez pas cela, cher Murr. — À ces mots, le vieux barbet saisit précipitamment le morceau de pain au lait qui était devant moi, et s'en alla doucement la tête baissée, laissant traîner par terre ses longues oreilles, et frétillant un tant soit peu. Je suivis des yeux le vieux chien, dont la philosophie me parut très-vraie.

— Est-il parti, est-il parti? demanda une voix douce derrière moi. Je ne fus pas peu étonné, en voyant le jeune Punto caché derrière la porte où il avait attendu le départ de son oncle. Cette apparition subite m'embarrassa presque, car je trouvais un peu épineux de lui dire ce dont son oncle m'avait chargé. Je me rappelai ces mots affreux, que Punto m'avait dit un jour : Si tu te mettais en tête d'avoir des sentimens hostiles contre moi, je te suis supérieur en force et en adresse. Un bond, une bonne morsure de mes dents pointues te réduiraient au néant. Je crus donc plus sage de me taire.

Il est possible que ces réflexions rendissent mes manières froides et guindées, car Punto me fixa d'un regard pénétrant; puis il éclata de rire, et me dit : —Je m'aperçois, mon ami, que mon oncle t'a dit beaucoup de mal de ma vie; qu'il m'a dépeint comme un dissolu, adonné à toutes les extravagances, à tous les désordres. Ne sois pas assez fou pour en croire quelque chose. D'abord regarde-moi, et dis-moi ce que tu penses de mon extérieur?

En l'examinant, je trouvai qu'il n'avait jamais paru si bien nourri, si dodu;

que cette propreté, cette élégance, cette harmonie d'ensemble, n'avaient jamais régné dans son extérieur. Je le lui dis franchement.

— Eh bien, cher Murr, continua-t-il, crois-tu donc qu'un barbet, vivant en mauvaise compagnie, adonné à des goûts sales, dissolu par système, sans goût, mais seulement par ennui, comme cela arrive à des barbets, — crois-tu qu'un tel barbet aurait une mine comme celle que tu me trouves? Cela seul doit te prouver combien mon vilain oncle est dans l'erreur. Rappelle-toi, oh matou lettré! ce sage qui répondit à celui qui blâmait en un homme vicieux la désharmonie de tout son être : Comment voulez-vous que le vice ait jamais de l'harmonie? Ne t'étonne pas un instant, mon ami Murr, des noires calomnies du vieux humoriste. Avare, comme le sont tous les oncles, il a jeté toute sa colère sur moi, parce qu'il a été obligé par honneur de payer quelques petites dettes de jeu, que j'avais faites chez un marchand de boudin, qui tolère chez lui les jeux défendus, et fait des avances, souvent très-considérables, en cervelats, boudins, saucissons, etc. Ensuite, le vieux se rappelle constamment une certaine période où ma vie n'était pas très-louable : mais elle est passée.

En ce moment, passa un insolent, qui, après m'avoir regardé comme s'il n'avait jamais rien vu de semblable, me débita les plus grandes impertinences, et sauta surtout à ma queue que je tenais étendue, ce qui parut lui déplaire. Mais à peine m'étais-je dressé pour me défendre, que Punto avait déjà sauté sur cet impertinent, qu'il terrassa, qu'il roula sous ses pieds, et maltraita si fort, que l'autre se sauva comme un trait, en poussant des hurlemens, et serrant la queue entre les cuisses.

Cette preuve de bons sentimens et d'amitié me toucha extrêmement, et je me dis qu'on pouvait cependant dire de Punto ce : *Au fond il est bon enfant*, que l'oncle Scaramouche avait voulu me rendre si suspect, et l'excuser plus que tout autre. Je commençai aussi à croire que le vieux avait vu trop en noir, et que Punto était bien capable de folies, mais non pas de sottises. J'exprimai ma pensée à mon ami, en le remerciant, de la manière la plus obligeante, d'avoir pris ma défense.

— Je suis enchanté, mon cher Murr, répondit Punto, en regardant autour de lui, selon sa coutume, avec un œil fin et gai, que ce vieux pédant ne t'ait pas détourné de moi, et que tu reconnaisses mon bon cœur. — N'est-ce pas, Murr, j'ai bien traité cet impertinent garçon-là ? il s'en souviendra long-temps. Au fait, j'étais à sa recherche depuis ce matin, car il m'a volé hier un boudin, et il fallait l'en punir. Du reste, je suis vraiment bien aise d'avoir vengé en même temps l'insulte qu'il t'a faite, et d'avoir pu te prouver mon amitié. J'ai tué deux mouches d'un coup, comme dit le proverbe. Mais, pour en revenir à notre conversation, regarde-moi donc bien, bon chat, et dis-moi si tu ne remarques aucun changement important dans mon extérieur?

Je le fixai attentivement, et je remarquai, à mon grand étonnement, un beau collier d'argent, bien travaillé, sur lequel étaient gravés ces mots : Baron Alcibiade de Wipp, rue du Maréchal, n° 46.

— Comment, Punto, m'écriai-je, tu as quitté ton maître, le professeur d'esthétique, pour entrer chez un baron?

— Je n'ai pas exactement quitté le professeur, mais il m'a chassé à coups de pied et de bâton.

— Comment est-il possible ; ton maître avait toujours tant de bonté et de tendresse pour toi?

— Ah! c'est une sotte et fâcheuse histoire, qui ne s'est terminée, à mon avantage, que par les caprices du hasard. Dans toute cette affaire, je dois m'en prendre à une bonhomie mêlée, il est vrai, d'un peu de vanité. Je voulais prouver à chaque instant mon affection à mon maître, et lui montrer aussi mon adresse, ma culture; j'apportais donc tout ce que je trouvais par terre, sans qu'on me le demandât. Eh bien ! tu sais peut-être que le professeur Lothario a une femme jeune et jolie, qui l'aime d'une tendresse extrême, ce dont il ne pourrait douter; car elle le lui assure à chaque instant, et le comble de caresses, quand il est enfoncé dans les livres pour se préparer au prochain cours. Elle aime l'intérieur de sa maison par-dessus tout, car elle ne sort jamais avant midi, quoiqu'elle soit déjà levée à dix heures et demie; et la simplicité de son caractère la fait entrer, avec la cuisinière et la femme-de-chambre, dans les moindres affaires domestiques, même jusqu'à puiser dans leur bourse, si l'argent pour la cuisine est sorti un peu trop tôt du sac, à cause de certaines dépenses non officielles, dont on ne peut parler à M. le professeur. Elle paie les intérêts de ces emprunts avec des robes à peine portées, et des chapeaux à plumes, dont le monde des servantes voit, à son grand étonnement, se parer la femme-de-chambre le dimanche. Avec autant de perfections, on peut bien pardonner à une femme aimable cette petite folie (si du reste cela mérite ce nom). Toutes ses idées, tous ses vœux se concentrent sur sa toilette : ce qu'il y a de plus élégant, de plus cher, ne lui paraît jamais assez élégant, jamais assez cher; et quand elle a porté une robe trois fois, un chapeau quatre fois, jeté sur ses épaules un schal turc pendant un mois, elle éprouve une idiosyncrasie contre ces objets, et elle les cède à vil prix, ou les donne à ses servantes. On ne peut s'étonner que la femme d'un professeur d'esthétique ait du goût pour les belles formes, et l'époux ne peut être que très-flatté quand ce goût se trahit dans le plaisir visible, avec lequel madame laisse se reposer ses regards de feu sur de beaux jeunes gens. Quelques fois je remarquais que certains messieurs qui fréquentaient les cours du professeur, manquaient la porte de l'auditoire, ouvraient doucement celle de la chambre de madame et y entraient tout aussi doucement. Je finis par croire que cela n'arrivait pas involontairement ou que du moins personne n'en était fâché, car on ne se hâtait pas du tout de leur montrer leur erreur. Au contraire, ceux qui étaient entrés ne sortaient que très-tard et d'un air si satisfait qu'il semblait que la visite chez la dame leur eût été tout aussi agréable et aussi utile que le cours d'esthétique du professeur. La belle Létitia, (c'était le nom de la femme du professeur) ne m'aimait pas beaucoup. Elle ne me souffrait jamais dans sa chambre et elle avait raison, car le barbet le mieux cultivé est toujours déplacé là où il court risque de déchirer à chaque pas des blondes, et de salir des robes dispersées sur toutes les chaises. Cependant le mauvais génie de Létitia voulut qu'un jour je pénétrai jusqu'à son boudoir. M. le professeur avait bu à son dîner un peu plus de vin que de raison, ce qui l'avait mis dans une disposition très-poétique. Rentré chez lui il alla contre son habitude tout directement dans le cabinet de sa femme, et je le suivis, poussé par je ne sais quelle tentation. Madame était dans un négligé dont la blancheur pouvait se comparer à la neige fraîchement tombée; tout son habillement trahissait non-seulement des soins exquis, mais l'art le plus profond, qui se cache sous la simplicité. Elle était en effet charmante, et le professeur, dans ses transports amoureux,

appelait sa femme des noms les plus tendres, la comblait des caresses les plus douces, et ne s'apercevait nullement d'une certaine distraction, d'un certain dépit caché, qui ne se trahissaient que trop dans les manières de madame. Moi, je m'ennuyai bientôt des transports toujours croissans de l'esthétique enthousiaste. Je revins à mon ancien passe-temps, et je cherchai par terre. Au moment où le professeur s'écriait : femme divine, sublime, céleste....
— je m'approchai en sautillant sur mes jambes de derrière, et je lui apportai gracieusement un gant couleur d'orange, que je venais de trouver sous le sopha. — Le professeur regarda ce gant d'homme d'un air stupéfait. — À qui appartient ce gant? — Comment se trouve-t-il dans cette chambre?—A ces mots il prit le gant de ma gueule, le regarda, le sentit, et

s'écria de nouveau : — d'où vient ce gant? Létitia, parle, qui est venu chez toi? — Que tu es bizarre, répondit la douce Létitia, avec un embarras qu'elle cherchait en vain à cacher; que tu es bizarre, mon cher Lothario, à qui ce gant peut-il donc appartenir? La femme du major est venue me voir, et en s'en allant elle ne pouvait trouver son gant, qu'elle croyait avoir perdu dans l'escalier. — La femme du major! s'écria le professeur furieux; cette petite femme délicate dont toute la main entrerait dans ce pouce? — De par tous les diables, quel fat est venu avec ce maudit gant parfumé! — Malheureuse, quelle trahison a détruit mon bonheur, mon repos? — Femme infâme, criminelle!

Madame se disposait déja à s'évanouir, quand la femme de chambre entra, et je m'échappai, content d'être délivré de cette scène de ménage, que j'avais occasionée.

Le lendemain, le professeur était muet et sombre; une seule idée parut l'occuper : si c'était lui, disait-il quelquefois involontairement. — Vers le soir, il prit son chapeau et sa canne; je sautai et j'aboyai gaîment. Il me regarda long-temps, de grosses larmes roulaient dans ses yeux, et il me dit avec l'expression de la mélancolie la plus profonde : fidèle Punto! — Cœur honnête! — Ensuite il sortit précipitamment de la porte de la ville, et moi je le suivais, bien décidé à égayer ce pauvre homme par tous les tours d'adresse dont j'étais capable. Fort près de la porte nous rencontrâmes le baron Alcibiade de Wipp, l'un des premiers élégans de la ville, monté sur un cheval anglais magnifique. Dès que le baron reconnut le professeur, il s'approcha en faisant faire des courbettes à sa monture, et s'informa de sa santé, puis de celle de la dame. Le professeur balbutia quelques mots inintelligibles.

— En effet, il fait bien chaud! dit le baron en tirant son foulard de sa poche, et en même temps il en tomba un gant que je ramassai et que je rapportai à mon maître. Le professeur me l'arracha, et s'écria : — Est-ce votre gant, M. le baron? — Sans doute, répondit celui-ci, étonné de la violence du professeur; je crois qu'il vient de tomber de ma poche, et que cet officieux barbet l'a ramassé. — Alors, reprit le professeur, en lui présentant le gant que j'avais trouvé sous le sopha, j'ai le plaisir de vous remettre le pareil, que vous avez perdu hier.

Sans attendre la réponse du baron, visiblement embarrassé, le professeur partit comme un furieux. Je me gardai bien de le suivre dans la chambre de sa chère épouse, car je pouvais facilement pressentir la tempête qui, en effet, se fit bientôt entendre. Caché dans un coin, je vis le professeur jeter la femme-de-chambre à la porte, puis hors de la maison. Enfin, il revint dans sa chambre, tout épuisé. Je lui prouvai une profonde compassion pour son malheur, par des plaintes étouffées. Il m'embrassa et me serra contre son cœur comme si j'eusse été son meilleur ami.—Bon, honnête Punto, dit-il d'une voix plaintive, cœur fidèle, toi, toi seul, m'as arraché à mes rêves trompeurs; tu m'as fait secouer le joug, tu m'as fait redevenir un homme libre! Punto, comment pourrai-je te récompenser! Tu ne me quitteras jamais, jamais! je te soignerai comme mon meilleur ami, toi seul, tu me consoleras quand le souvenir de mon malheur m'entraînera au désespoir.

Ces expressions touchantes d'un cœur reconnaissant furent interrompues par la cuisinière qui se précipita dans la chambre, la figure pâle et défaite, et annonça au professeur l'affreuse nouvelle que madame était en proie à d'horribles convulsions et près de mourir. Le professeur vola auprès d'elle. — Plusieurs jours se passèrent, et je ne revis pas le professeur. Ma nourriture, dont mon maître avait autrefois un tendre soin, était abandonnée à la cuisinière, femme d'un mauvais caractère, qui me donnait en rechignant, les morceaux les plus misérables, les plus dégoûtans. Quelquefois elle m'oubliait tout à fait, et je fus obligé de mendier chez les voisins, ou même de voler pour satisfaire ma faim.

Me promenant un jour, triste et les oreilles baissées dans la maison, le professeur fit un peu attention à moi. — Punto, s'écria-t-il en souriant, la figure rayonnante ; Punto, mon honnête chien, où as-tu donc été ? je ne t'ai pas vu depuis bien long-temps ; je crois même qu'on t'a négligé, contre ma volonté ? — Allons, viens, je te donnerai à manger moi-même aujourd'hui.

Je suivis mon bon maître dans la salle à manger. La dame épanouie comme une rose, vint au-devant de lui. Ils étaient plus tendres que jamais ; elle l'appelait mon ange ! et lui, mon chou ! Et puis, ils se baisaient comme des tourterelles. C'était un vrai plaisir que de les voir. La charmante Létitia, fut plus affable que jamais, et tu croiras facilement qu'avec ma galanterie naturelle, je sus me montrer aimable et poli. — Qui aurait pu deviner le sort qui m'attendait! — Il serait difficile de te raconter tous les tours que mes ennemis me jouèrent pour me perdre. Je me contenterai de te citer quelques faits qui te donneront une juste idée de ma malheureuse position. — Mon maître avait l'habitude de me donner lui-même, pendant qu'il mangeait, une portion de soupe, de rôti et de légumes, qu'on posait dans un coin près du poêle. Je mangeais avec tant d'attention, tant de propreté, que je ne faisais jamais la moindre tache sur le parquet. Quel fut mon effroi quand un jour l'écuelle se brisa en mille morceaux, au moment où je m'en approchai, et que la graisse se répandit avec profusion!

Le professeur me fit des reproches amers, et quoique sa femme essayât de m'excuser, on n'en lisait pas moins la colère dans ses traits; elle disait que, bien que cette tache ne pût être enlevée, on pourrait cependant faire raboter la place ou ajuster une autre planche. Le professeur détestait ces réparations; il lui semblait déjà entendre le rabot et les menuisiers; et les paroles de la dame, lui rendant son malheur encore plus sensible, me valurent deux coups vigoureux.—Dans le sentiment de mon innocence, je restai tout stupéfait, sans savoir que penser et que dire. Mais quand la chose se renouvela, je devinai qu'on me donnait des plats à demi-cassés, qui, au moindre attouchement tombaient en mille morceaux. Il ne m'était plus permis de rester dans la chambre, la cuisinière me donnait à manger; mais si maigrement, que la faim la plus dévorante me força à voler des morceaux de pain ou des os. Chaque fois, bruit terrible; mais il arriva pis encore. — La cuisinière se plaignit un jour à grands cris qu'un beau gigot avait disparu de sa cuisine et que je l'avais certainement volé. On en rendit compte au professeur comme d'un événement domestique très-important. Celui-ci répondit qu'il n'avait jamais remarqué en moi le penchant au vol, et que du reste cette bosse n'était pas du tout développée sur mon crâne; que d'ailleurs je n'aurais pas mangé un gigot tout entier sans en laisser une trace. — On chercha et on trouva les restes de l'os sous ma couchette! — Murr, la patte sur le cœur, je te le jure, j'étais innocent, il ne m'était pas venu en tête de voler le rôti; mais à quoi servaient toutes les protestations puisque le fait parlait contre moi! — Le professeur était d'autant plus furieux, qu'il avait pris ma défense, et qu'il se voyait trompé dans sa bonne opinion. Je reçus une volée de coups. — La dame n'en était que plus affable, elle me caressait, ce qu'elle n'avait jamais fait auparavant, et me donnait même de temps en temps un bon morceau. Comment aurais-je pu deviner que tout cela n'était que calcul? mais je l'appris bientôt. — La porte de la salle à manger était ouverte; l'estomac vide, j'y jetai un regard de convoitise en me rappelant douloureusement le bon temps, où le doux arôme du rôti ne se répandait pas en vain autour de moi. La dame m'appelle : — Punto, Punto! et elle me présente adroitement entre son pouce délicat et son charmant index, un beau morceau de rôti. — Peut-être, dans l'enthousiasme de mon appétit, ai-je pris le morceau un peu plus violemment qu'il n'était nécessaire; mais je n'ai certainement pas mordu cette main blanche, tu peux m'en croire, cher Murr, et cependant elle se mit à crier : — Le méchant chien! et retomba à demi-évanouie sur sa chaise. A mon effroi, je vis quelques gouttes de sang sur son pouce. Le professeur entra en fureur; il me battit, me donna des coups de pied, et me maltraita si impitoyablement, que vraisemblablement je ne serais pas assis maintenant près de toi, mon bon chat, si je ne m'étais sauvé précipitamment dans la rue. Il ne fallait pas penser au retour. Je compris qu'il n'y avait rien à opposer à cette noire intrigue que la dame avait méditée pour se venger, et je résolus de me chercher un autre maître. Possédant tous les talens que la bonne mère nature m'avait donnés autrefois, rien n'eût été plus facile; mais la faim et le chagrin m'avaient tellement changé, que mon extérieur misérable me faisait craindre d'être renvoyé partout. Triste, tourmenté de soucis, je sortis de la barrière. Je vis M. le baron Alcibiade de Wipp, qui marchait devant moi et je ne sais comment l'idée me vint de lui offrir mes services. Peut-être était-ce le désir secret de trouver une occasion de me venger du professeur, comme je l'ai trouvée en effet. — Je m'approchai du baron en sautillant, je le saluai en me dressant sur mes jambes de derrière, et voyant qu'il me regardait avec un peu de complaisance, je le suivis sans façon dans sa demeure.— Voyez-donc, dit-il à un jeune homme qu'il appelait son valet-de-chambre, quoiqu'il n'eût pas d'autre domestique, voyez-donc, Frédéric, ce barbet qui me suit; s'il était seulement plus joli! Frédéric loua au contraire l'expression de ma physionomie, la délicatesse de mon corps, en ajoutant que je paraissais quitter mon ancien maître pour cause de mauvais traitemens, et que des barbets qui se choisissent un maître de leur libre gré, sont ordinairement des animaux très-honnêtes et très-fidèles. Là-dessus on me garda; Frédéric me rendit par ses soins un extérieur bien dodu; mais malgré cela le baron ne parut pas beaucoup se soucier de moi, et il souffrait à peine que je l'accompagnasse dans ses promenades : cela devait changer. — Nous rencontrâmes Létitia à une promenade. — Tu reconnaîtras les sentimens d'un barbet, quand tu sauras que malgré que cette femme m'eût fait beaucoup de mal, je ressentais cependant une véritable joie de la revoir. Je dansai devant elle, j'aboyai gaîment, et lui exprimai mon plaisir de toutes les manières. —Voilà Punto! s'écria-t-elle, en me grattant le dos et jetant un regard significatif au baron, qui s'était arrêté. Je retournai à mon maître qui me caressa. Il parut frappé d'une idée subite; car il répétait souvent : — Punto! si c'était possible!

Nous arrivâmes dans un jardin public; la dame prit place avec sa société, dans laquelle le cher, le bon professeur ne se trouvait pas. Le baron s'assit non loin de là et de manière à pouvoir regarder Létitia sans être observé par les autres. Je me plaçai devant mon maître, en le regardant et en frétillant comme si j'attendais ses ordres. — Punto, serait-il possible! répéta-t-il, et, il ajouta après un moment de silence. — Eh bien, il faut en essayer. Il tira de son portefeuille un petit morceau de papier, y traça quelques lignes le roula et le cacha sous mon collier, et dit à voix basse : Allons Punto! — Je ne serais pas un barbet aussi adroit, aussi poli que je le suis en effet, si je n'avais pas tout deviné. Je m'appro-

chai donc de la table en montrant un
grand appétit pour le gâteau qui s'y
trouvait. La dame était l'affabilité même,
elle me donna le gâteau d'une main en
me caressant le cou de l'autre. Je sentis qu'elle retirait le papier. Bientôt
après elle quitta la société et se pro-
mena seule dans une allée couverte.
Je la suivis, je la vis lire avec attention
le billet du baron, tirer de son petit
panier de travail un crayon, tracer
quelques mots sur le même papier et
le rouler. — Punto, dit-elle ensuite :
tu es un barbet bien aimable, quand
tu apportes au bon moment! — Elle
me remit le billet sous le collier et je
retournai près de mon maître qui devina aussitôt que j'apportais une réponse. Il la retira sans hésiter. Les
paroles de la dame étaient certainement
fort consolantes, car les yeux du baron brillaient de joie, et il s'écria trans-

porté : — Punto, tu es un excellent barbet ; c'est ma bonne étoile qui t'a conduit vers moi ! — Tu comprendras facilement, mon bon Murr, le plaisir que me firent ces paroles, car je savais combien je gagnais dans les bonnes grâces de mon maître.

Dans mon ravissement, je fis, sans qu'on me le demandât, tous les tours d'adresse que je savais. Je parlais comme le chien, je mourais, ressuscitais, je refusais le pain du juif et je mangeais avec appétit celui du chrétien, etc. — Voilà un barbet très-bien dressé ! s'écria une vieille dame assise près de Létitia. — Parfaitement dressé ! répondit le baron. — Parfaitement dressé ! répéta la dame comme un écho. — Pour en finir, cher Murr, je te dirai que je suis chargé de leur correspondance, et que je porte des billets jusque dans la maison du professeur quand il n'y est pas. Le soir, lorsque le baron s'introduit clandestinement chez la belle Létitia, je reste devant la porte de la maison, et dès que le professeur s'approche, je fais un bruit si infernal, que mon maître sent l'approche de l'ennemi et l'évite.

Il me sembla que je ne pouvais louer les actions de Punto, car je me rappelai l'aversion contre tout collier, que feu mon ami Mucius et moi-même nous ressentions, et cela seul me prouva qu'un honnête et brave matou, refuserait de faire ainsi l'entremetteur. Je le dis franchement au jeune Punto; mais il me rit au nez et me demanda si la morale des chats était si sévère, et si moi-même je n'avais jamais rien fait qui ne fût trop large pour l'étroit tiroir de la morale. — Je me rappelai Mina, et je me tus. — D'abord, mon cher Murr, continua Punto, une ex-

périence très-commune prouve que personne ne peut échapper à son sort, de quelque manière qu'il s'y prenne ; tu peux en lire l'application dans un livre très-instructif et assez bien écrit, ayant pour titre : *Jacques le fataliste*. S'il était décidé par la providence que le professeur d'esthétique devînt un....
— Enfin, tu me comprends, bon chat. Du reste le professeur, par la manière dont il a agi dans cette mémorable histoire du gant, a clairement prouvé sa vocation. Cette vocation, il l'eût remplie, alors même qu'il n'eût existé ni baron Alcibiade ni Punto.

Je demandai au jeune Punto si les avantages que lui offrait le service du baron étaient réellement assez grands, pour compenser le désagrément pénible de la servitude. Je lui donnai en même temps à entendre, que cette servitude était toujours désagréable à un matou dont l'amour pour la liberté était la vie même.

— Tu parles, mon cher Murr, répondit Punto en souriant orgueilleusement, comme tu l'entends, ou plutôt comme ton inexpérience complète de la société, te le permet. Tu ne sais pas ce que c'est que d'être le favori d'un homme aussi galant, aussi cultivé que l'est le baron. — Je ne crois pas avoir besoin de te dire, ô matou libéral, comment je devins son premier favori dès le moment où je sus me conduire avec autant de sagacité. Une prompte esquisse de notre manière de vivre, te fera sentir vivement les agrémens de ma position actuelle.— Le matin, mon maître et moi, nous ne nous levons ni trop tard ni trop tôt, c'est-à-dire à onze heures sonnées. — Je dois remarquer ici, que ma couchette, large et molle, est établie non loin du lit du baron, et que nous ronflons en trop bonne harmonie, pour savoir, en nous réveillant subitement, qui des deux a ronflé. — Le baron tire la sonnette et aussitôt arrive le valet de chambre, qui apporte au baron une grande tasse pleine de chocolat, et à moi une jatte en porcelaine, remplie d'excellent café à la crême, que je vide avec appétit. Après le déjeuner, nous jouons ensemble une demi-heure, exercice qui est non-seulement très-bon pour notre santé, mais qui égaie aussi notre esprit. Si le temps est beau, le baron regarde par la croisée, pour observer les passans avec son lorgnon. Si les passans sont rares, il est un autre amusement auquel le baron peut se livrer sans se fatiguer. Sous sa croisée, se trouve un pavé qui se distingue par sa couleur rougeâtre, et par un petit trou : il s'agit de cracher si adroitement, que la salive tombe dans le trou. Par un exercice très-soutenu, le baron est parvenu à parier qu'il réussira une fois sur trois, et il a gagné déjà plusieurs gageures de ce genre. Après cet amusement, arrive le moment très-important de la toilette. Le baron se charge seul de se peigner, de se friser les cheveux et surtout de faire le nœud de sa cravate. Ces deux opérations étant toujours assez longues, Frédéric profite de ce moment pour m'habiller aussi; c'est-à-dire, il me lave avec une éponge et de l'eau tiède, peigne les longs poils que le friseur a laissés aux endroits convenables, et me passe le beau collier d'argent que le baron m'a donné. Les momens suivans sont consacrés à la littérature et aux beaux arts, car nous allons dans un café où nous mangeons du beefsteak ou de la carbonnade, où nous buvons un petit verre de Madère, et où nous parcourons un peu les journaux. Puis commencent les visites du matin. Nous allons voir une actrice, cantatrice ou danseuse, pour lui raconter les nouvelles du jour et surtout la manière dont s'est passé un début de la veille. Il est à remarquer avec quelle adresse M. le baron sait arranger ses récits, pour mettre toutes les dames de bonne humeur. La rivale ou du moins la combattante n'a jamais réussi à s'approprier une partie de la gloire dont est couronnée la belle qu'il visite. — On a sifflé, on s'est moqué de la pauvre malheureuse, et si le triomphe est trop brillant pour être caché, le baron a toujours une histoire scandaleuse à raconter sur la débutante. Les visites plus distinguées chez la comtesse A., chez la baronne B., chez l'ambassadrice C., remplissent le temps jusqu'à trois heures et demie ; c'est alors que le baron a fini ses affaires et qu'il peut se mettre à dîner, la conscience tranquille. Cela a lieu chez un restaurateur. Après le dîner, nous allons au café, nous faisons une partie de billard, et ensuite, si le temps le permet, une petite promenade ; moi toujours à pied, et le baron quelquefois à cheval. L'heure du théâtre approche, et le baron n'y manque jamais. On dit qu'il joue au théâtre un rôle extrêmement important, car il instruit non-seulement le public de toutes les affaires qui se passent derrière la scène; mais il règle aussi la louange et le blâme, en un mot, il donne une juste direction au goût. Il se sent pour cela une vocation toute particulière. Comme on refuse injustement aux individus les mieux élevés de mon espèce l'entrée du théâtre, ces momens-là sont les seuls pendant lesquels je me sépare de mon cher baron, pour m'amuser à ma manière. Comment je le fais, et comment je profite de mes connaissances avec les lévriers, les chiens couchans anglais, les épagneuls et autres personnes distinguées, je te le dirai une autre fois, cher Murr! — Après le théâtre, nous soupons encore chez un restaurateur, et le baron s'abandonne dans une société joyeuse à toute sa bonne humeur; tous parlent, tous rient et trouvent tout divin sur leur honneur, et aucun d'eux ne sait ce qu'il dit, ni de quoi il rit, ni ce qu'on vient de vanter. Voilà en quoi consiste le sublime de la conversation, le véritable bon ton de ceux qui professent la doctrine élégante. — Quelquefois le baron s'en va pendant la nuit dans certaines sociétés, où on le reçoit comme un être tout-à-fait supérieur. J'ignore aussi ce qui s'y passe, car le baron ne m'a jamais permis de l'accompagner, et il a peut-être de bonnes raisons pour cela. — Alors je m'étends délicieusement sur ma couchette moelleuse. Dis-moi donc maintenant toi-même, après ce récit détaillé, si mon vieil oncle morose peut m'accuser d'une vie dérangée et dissolue? — Je t'ai déjà avoué que j'ai donné lieu, il y a quelque temps, à de justes reproches. Je fréquentais une mauvaise société, et je trouvais un plaisir tout particulier à m'introduire partout, principalement dans les repas de nôces, pour y faire quelque esclandre. Mais maintenant tout est changé. — Ah! que vois-je! — Voilà le baron! — Il me cherche! — Il siffle! — Au revoir mon cher.

Punto alla au-devant de son maître avec la rapidité de l'éclair. L'extérieur du baron répondait tout-à-fait au portrait que je m'en étais fait d'après Punto. Il était très-grand, et plutôt maigre comme un manche à balai que mince. Son habillement, son maintien, sa marche, ses gestes, tout pouvait passer pour le prototype de la dernière mode, poussée jusqu'à l'extravagance, et donnant à tout son être quelque chose de bizarre et d'étrange. Il portait une petite baguette très-mince, et une béquille en acier dont il se servait pour faire sauter Punto. Quelque dégradant que cela me parût, j'étais forcé d'avouer que Punto réunissait à la plus grande vigueur une grâce que je n'avais encore jamais remarquée en lui. Le baron, la poitrine projetée en avant, le ventre rentré, continua sa marche singulière, semblable à celle d'un coq; Punto sautillait à ses côtés en courbettant, ne se permettant que des saluts très-courts et souvent fiers aux connaissances qu'il rencontrait, et déployant une certaine dignité qui m'imposait.—Je pressentais ce que mon ami Punto avait voulu dire par la culture élevée, et je tâchai autant que possible de m'en rendre compte. Mais cela était très-difficile, ou plutôt mes essais restèrent infructueux.

Plus tard, j'ai su, que contre certaines choses, échouent tous les problèmes, toutes les théories que l'on forme dans son esprit, et que la pratique seule en donne la connaissance. Cette culture élevée, que le baron Alcibiade de Wipp et le barbet Punto ont obtenue dans le grand monde, doit être comptée parmi ces choses-là.

Le baron me lorgnait attentivement en passant; je crus lire dans son regard la curiosité et la colère. Aurait-il remarqué et blâmé ma conversation avec

Punto?... Je commençais à avoir peur et je montai précipitamment l'escalier.

Pour remplir les devoirs d'un biographe sévère, je devrais décrire ici l'état de mon âme et je ne puis mieux le faire que par quelques vers sublimes, que depuis quelque temps, je secoue de ma manche fourrée, comme on dit. J'aime mieux..........

SEIZIÈME FRAGMENT

DE MACULATURE.

…….ne pouvait s'y attendre. Le duc Irénéus était en général ennemi juré de tous les accidens imprévus, et surtout quand il fallait user de ses propres facultés pour examiner une affaire. Il prit une double prise selon son habitude dans les cas critiques, fixa le chasseur avec son regard foudroyant à la Frédéric, et dit : — Lebrecht, je crois que nous sommes lunatiques, que nous voyons des revenans et que nous faisons un tintamarre tout-à-fait inutile ?

— Très-gracieux seigneur, répondit tranquillement le chasseur, faites-moi renvoyer comme un coquin ordinaire si tout ce que je viens de vous raconter n'est pas de la plus grande vérité. Je le répète hardiment : Rupert est un coquin achevé.

— Comment, Rupert ! s'écria le duc en colère ; mon fidèle concierge, qui a servi la maison ducale pendant cinquante ans sans jamais laisser rouiller une serrure ou manquer l'heure d'ouvrir ou de fermer les portes, on l'appelle coquin!.... Lebrecht, tu es possédé, tu es fou. — Mille tonnerres de...

Le duc s'arrêta comme à son ordinaire, quand il jurait, chose si contraire à la dignité ducale.

Le chasseur profita de ce moment pour dire bien vite : — Votre seigneurie entre tout de suite en colère et jure si horriblement! et cependant on ne peut se taire ni dire autre chose que la vérité!

— Qui est en colère, dit le duc avec calme, qui jure? — Ce sont des sots, ceux-là qui jurent! — Je veux que tu me répètes toute l'affaire en peu de mots, pour que je puisse l'exposer à mes conseillers dans une séance secrète, et y prendre des résolutions sur ce qu'il y a à faire. Si Rupert est vraiment un coquin, — enfin, on saura ce qu'il faudra faire alors.

— Comme je l'ai dit, commença le

chasseur, en reconduisant hier soir mademoiselle Julie, ce même homme qui tourne ici autour, passa devant nous. Eh, me dis-je à moi-même, je l'attraperai bien, celui-là; ayant conduit cette chère demoiselle jusque dans sa chambre, j'éteignis mon flambeau et me plaçai dans un coin obscur. Peu d'instans après, ce même homme sortit des buissons et frappa doucement à la porte. Je m'approchai avec précaution. Une jeune fille ouvre la porte et fait entrer l'étranger. C'était Nancy, vous la connaissez sans doute, monseigneur, la belle Nancy de madame Benzon?

— Coquin! s'écria le duc, ce n'est point à des têtes couronnées que l'on parle de belles Nancy; mais continue, mon fils.

— Oui, la belle Nancy, répéta le chasseur. Je ne l'aurais pas crue capable d'aussi sottes liaisons. Ce n'est donc qu'un misérable rendez-vous, me dis-je à moi-même; mais je demeurai convaincu qu'il y avait encore autre chose derrière cela. Je restai devant la maison. Après un temps assez long, revint madame la conseillère, et à peine fut-elle entrée, qu'on ouvrit au-dessus de moi une croisée et que l'étranger, en sautant avec une agilité incroyable, tomba au milieu des œillets que mademoiselle Julie soigne elle-même avec tant de zèle. Le jardinier se plaint à grands cris; il est devant la porte avec ses pots cassés et veut parler lui-même à monseigneur; mais je n'ai pas voulu le laisser entrer parce que ce gueux-là a déjà bu un bon coup.

— Lebrecht, cela ressemble à une imitation, dit le duc, car j'ai vu la même chose à Prague dans un opéra de M. Mozart, nommé le Mariage de Figaro. Reste fidèle à la vérité, chasseur!

— Je ne dis pas une syllabe que je ne puisse confirmer par serment, dit Lebrecht. — Cet homme était tombé et je crus le saisir; mais il se leva prompt comme l'éclair et s'en fut. — Où pensez-vous, monseigneur?

— Je ne pense rien du tout! répondit le duc avec solennité; ne me tourmente pas avec d'inutiles questions sur mes idées, chasseur, mais continue tranquillement, jusqu'à ce que l'histoire soit finie; ensuite je penserai.

— Il s'en fut droit vers le pavillon inhabité. — Oui, inhabité! Dès qu'il eut frappé à la porte je vis de la lumière en dedans et celui qui sortit n'était autre que le bon, l'honnête M. Rupert, qui fit entrer l'étranger et referma la porte sur lui. Vous voyez, monseigneur, que Rupert est allié à des hôtes très-dangereux qui certainement cherchent à cacher un mauvais dessein.

Qui sait où ils en veulent venir, et s'il ne serait pas possible que mon très-gracieux seigneur fût menacé par de mauvais coquins, ici, dans son paisible Sieghartshof!

Le duc Irénéus se croyant un personnage fort important, il était très-naturel qu'il rêvât de temps en temps de conjurations et de guet-à-pens. Les derniers mots du chasseur lui tombèrent lourdement sur le cœur, et il se perdit pendant quelques instans dans de sombres réflexions.

— Chasseur, dit-il ensuite en ouvrant des yeux énormes, chasseur, tu as raison. Cet étranger qui rôde ici, cette lumière dans le pavillon sont des choses beaucoup plus importantes que cela ne paraît d'abord. — Ma vie est dans la main de Dieu! Mais je suis entouré de serviteurs fidèles, et si l'un d'entre eux se sacrifiait pour moi, je n'oublierais certainement pas sa famille. — Répands cela parmi mes gens, bon Lebrecht. — Tu sais qu'un cœur ducal est libre de toute faiblesse humaine, de toute crainte de la mort; mais on a des devoirs envers son peuple, c'est pour lui qu'il faut se conserver, surtout quand l'héritier du trône est encore mineur. Je ne quitterai donc le château que lorsque cette conjuration sera découverte. Le garde-chasse doit se rendre ici avec tous les chasseurs sous ses ordres, et tous mes domestiques prendront les armes. Qu'on entoure le pavillon, qu'on barricade le château, ayes-en soin, mon bon Lebrecht. Moi-même je mettrai mon couteau de chasse; et toi, charge mes pistolets à deux coups, mais n'oublie pas de pousser la targette, pour qu'il n'arrive pas de malheur. Qu'on m'apporte des nouvelles quand on donnera l'assaut au pavillon, et quand on forcera les mutins à se rendre, afin que je puisse me retirer dans mes appartemens de l'intérieur. Que l'on fouille soigneusement les prisonniers avant de les conduire devant mon trône, car l'un deux est réduit au désespoir. — Mais, pourquoi restes-tu là, pourquoi me regardes-tu, pourquoi souris-tu, qu'est-ce que cela veut dire?..

— Eh, très-gracieux seigneur, répondit le chasseur d'un air fin, je pense qu'il n'est pas du tout nécessaire de faire venir le garde-chasse avec ses gens.

— Pourquoi pas? demanda le duc avec colère. Je crois presque que tu te permets de me contredire? et chaque instant fait croître le danger! Mille tonnerres de... — Lebrecht, jette-toi sur un cheval, le garde-chasse, ses gens, des fusils chargés, qu'ils viennent tout de suite !

— Mais ils sont déjà ici, monseigneur.

— Comment? quoi? s'écria le duc en ouvrant la bouche pour exprimer son étonnement.

— Le soleil était à peine levé que je me trouvais chez le garde-chasse; et le pavillon est déjà si bien entouré que pas un chat n'en peut sortir.

— Tu es un excellent chasseur, et un fidèle serviteur de la maison ducale, dit le duc attendri, si tu me tires de ce danger, tu peux compter sur une médaille, que j'inventerai moi-même et que je ferai faire en or ou en argent, selon le nombre des personnes qui seront tombées dans l'assaut contre le pavillon.

— Si vous le permettez, monseigneur, nous nous mettrons tout de suite à l'œuvre en enfonçant la porte du pavillon et en saisissant toute l'engeance qui s'y cache; je le prendrai ce maudit coquin qui sait si bien sauter, qui m'a si souvent échappé, ce gueux-là qui a tourmenté mademoiselle Julie.

— Quel gueux a tourmenté Julie? dit madame Benzon en entrant dans la chambre. De quoi parlez-vous, Lebrecht?

Le duc s'avança vers elle avec solennité, comme un héros auquel il vient d'arriver quelque grande et affreuse aventure, et qui recueille toutes les forces de son âme pour la supporter. Il saisit la main de la conseillère, la pressa tendrement, et dit ensuite d'une voix attendrie : —Benzon! même dans la solitude la plus complète, le danger suit les têtes couronnées, tel est le sort du prince, que toute sa douceur, sa bonté ne le préservent pas du démon infernal qui réveille l'envie et l'ambition dans le cœur des vassaux infidèles! Benzon, la trahison la plus noire a levé contre moi sa tête de Méduse, vous me trouvez dans le danger le plus imminent. Mais bientôt le dénouement sera arrivé, et c'est à ce fidèle sujet que je devrai ma vie et mon trône. S'il doit en arriver autrement, je me soumettrai à mon sort! je sais, Benzon, que vous conservez vos sentimens pour moi, et je puis dire comme le roi de cette tragédie avec laquelle la princesse Hedwige m'a gâté le thé l'autre soir : Rien n'est perdu, car vous me restez! Embrassez-moi, chère Benzon! — Ma douce Amélie, nous sommes et nous restons les mêmes! — Bon Dieu, je crois que je radotte dans mon angoisse! — Soyons calmes, ma chère, quand les traîtres seront pris, je les anéantirai d'un regard. — Chasseur, qu'on commence l'attaque du pavillon !

Le chasseur voulut partir.

— Arrêtez ! s'écria madame Benzon, quel pavillon ?

Le chasseur fut obligé de répéter son rapport. Madame Benzon parut vivement s'intéresser à ce récit. Enfin elle éclata de rire, et dit :

— Voilà un malentendu fort comique. Je vous prie, monseigneur, de renvoyer, à l'instant, le garde-chasse avec ses gens. Il n'est pas question d'une sédition, vous n'êtes pas dans le moindre danger. L'inconnu du pavillon est déjà votre prisonnier.

— Qui ? demanda le duc étonné ; quel malheureux habite le pavillon sans ma permission ?

— C'est le prince Hector ! lui dit madame Benzon à l'oreille.

Le duc recula de trois pas, comme

frappé par une main invisible, ensuite il s'écria : — Qui? est-il possible! Benzon, est-ce que je rêve? le prince Hector? — Ses regards tombèrent sur le chasseur, qui dans son embarras tortillait son chapeau entre ses mains : — Chasseur, cria le duc! va-t-en au diable, que le garde-chasse parte avec ses gens! personne ne doit se laisser voir! — Benzon, continua-t-il en se tournant vers elle, chère Benzon, le croirez-vous, Lebrecht a appelé le prince un coquin, un gueux! — Le malheureux! — Mais cela reste entre nous, c'est un secret d'état! — Mais expliquez-moi donc, pourquoi le prince dit qu'il part, et qu'il se cache ensuite, comme une aventurier?

Madame Benzon se voyait tirée d'un grand embarras par le rapport du chasseur. Convaincue, comme elle l'était, qu'elle ne pouvait découvrir au duc ni la présence du prince, ni son plan contre Julie, elle sentait aussi que chaque instant pouvait trahir un secret qu'elle avait tant de peine à conserver. Maintenant, puisque le prince courait le risque d'être tiré de sa cachette d'une manière peu honorable, elle pouvait parler sans danger pour Julie. Elle dit donc au duc que probablement une querelle amoureuse entre Hedwige et le prince avait poussé celui-ci à se cacher dans le voisinage avec son valet de chambre; que tout cela avait, sans doute, une teinte romanesque, mais qu'elle était naturelle aux amoureux. Que du reste, le chambellan était l'amant très-zélé de Nancy, et avait ainsi trahi le secret.

— Ah, Dieu soit loué! s'écria le duc; c'était donc le valet de chambre et non le prince qui s'était introduit dans votre maison et qui a sauté ensuite par la croisée sur les fleurs, comme le page Chérubino. Cela me donnait déjà à penser. — Être prince, et sauter par la croisée, cela irait-il ensemble.

— Eh! dit madame Benzon avec un petit sourire malicieux, je connais cependant un personnage ducal qui ne dédaignait pas ce chemin, quand....

— Vous me troublez, Benzon, vous me troublez excessivement. Laissons-là le passé et réfléchissons plutôt sur ce qu'il y a à faire avec le prince. Le diable emporte la diplomatie, la politique et l'étiquette dans cette maudite position! Dois-je l'ignorer? dois-je le trouver par hasard? dois-je?.. dois-je?.. Tout tourne dans ma tête. Voilà ce qui arrive quand des têtes royales s'abaissent à des tours de roman!

Madame Benzon ne savait pas, en éffet, comment s'arranger avec le prince;

mais il furent tirés de cet embarras, car avant qu'elle eût pu répondre, le vieux concierge Rupert entra avec un petit billet fermé, le remit au duc et ajouta qu'il venait d'un haut personnage, qu'il avait l'honneur de tenir sous sa clef tout près de là.

— Tu savais donc, Rupert? dit très-gracieusement le duc au vieux. Eh bien, je t'ai toujours cru un fidèle serviteur de ma maison; tu t'es montré tel en obéissant aux ordres de mon noble gendre. Je penserai à ta récompense. — Rupert le remercia dans les termes les plus humbles, et s'éloigna.

— Il arrive très-souvent, dans la vie, que quelqu'un passe pour très-probe et très-vertueux, au moment même où il vient de faire une friponnerie. C'est-ce que pensait madame Benzon, mieux instruite des desseins criminels du prince, et convaincue que le vieux hypocrite, Rupert, connaissait le secret.

Le duc ouvrit le billet et lut :

« Dans ces vers d'un grand poëte, vous trouverez, monseigneur, la cause de mon éloignement mystérieux. Je ne me croyais pas aimé de celle que j'adore, de celle qui est ma vie, qui réunit mes désirs et mes espérances, et qui a enflammé mon cœur d'un feu dévorant. Je suis heureux ! je viens de reconnaître le contraire, je sais depuis quelques heures que je suis aimé et je sors de ma cachette. — Amour et bonheur, voilà la devise par laquelle je m'annonce. — Bientôt je vous saluerai avec la vénération d'un fils.

» Hector. »

Le duc parcourut ce billet deux ou trois fois, et plus il le lisait, plus ses sourcils se fronçaient.—Benzon, qu'est-il arrivé au prince? dit-il enfin. Des vers italiens à un beau-père couronné, au lieu d'une déclaration formelle et raisonnable?— A quoi bon tout cela? — Il n'y a pas de bon sens! — Le prince paraît exalté d'une manière extraordinaire. Les vers parlent, à ce que je puis comprendre, des tourmens de la jalousie et du bonheur de l'amour. Que veut-il dire par la jalousie, de qui, pour l'amour du ciel, peut-il être jaloux? — Dites-moi, ma chère Benzon, trouvez-vous dans ce billet seulement un grain de bon sens?

Madame Benzon fut saisie d'effroi en comprenant le sens caché du billet, et en même temps elle ne put s'empêcher d'admirer la tournure fine que le prince avait su donner à tout cela, pour pouvoir sortir sans gêne de sa cachette. Elle se garda bien d'en parler au duc, et tâcha, au contraire, d'en tirer autant de profit que possible. Kreisler et maître Abraham étaient les seules personnes dont elle craignait l'opposition à ses projets secrets, et elle se servait de toutes les armes que le hasard lui présentait. Elle rappela donc au duc ce qu'elle lui avait dit de la passion de la princesse, qui certainement avait pu échapper aussi peu à la sagacité du prince, que les manières bizarres de Kreisler, et elle ajouta que peut-être il avait craint une liaison secrète entre eux. Tout cela expliquait suffisamment pourquoi le prince avait persécuté Kreisler jusqu'à la mort, pourquoi, croyant l'avoir tué, il avait fui le désespoir de la princesse, et pourquoi en apprenant que Kreisler existait, il était revenu, poussé par l'amour, et avait surveillé la princesse en secret. La jalousie, dont parlaient les vers, avait donc Kreisler pour objet, et il devenait d'autant plus urgent de bannir ce Kreisler de la cour, qu'il paraissait avoir fait, avec maître Abraham un complot contre tous les projets du duc.

— Benzon, dit le duc très-sérieusement, j'ai réfléchi sur ce que vous m'avez dit de cet indigne penchant de la princesse, et je n'en crois pas un mot. Il coule du sang royal dans les veines de la princesse.

— Croyez-vous donc, monseigneur, reprit madame Benzon avec vivacité et en rougissant jusqu'au blanc des yeux; croyez-vous donc qu'une femme royale peut régler les pulsations de son cœur mieux qu'une autre?

— Vous êtes dans une disposition fort singulière aujourd'hui, conseillère! dit le duc avec humeur. Je le répète; si dans le cœur de la princesse il s'est élevé quelque sotte passion, eh bien, ce n'était qu'un accident maladif, une crampe, pour ainsi dire, — elle souffre de spasmes — dont elle sera bientôt revenue. Mais pour ce qui est de Kreisler, je le trouve fort amusant, quoique manquant d'une certaine culture. Je ne puis lui supposer l'insolente hardiesse de devenir amoureux d'une princesse. Il est hardi, mais d'une tout autre manière. Croiriez-vous, Benzon, qu'avec ses manières bizarres une princesse ne ferait aucune impression sur lui, en supposant même qu'une personne aussi élevée pût s'abaisser jusqu'à l'aimer. Car, entre nous soit dit, il n'a pas un grand respect pour les têtes couronnées, et cette ridicule et absurde folie le rend incapable de rester à la cour. Qu'il en vive donc éloigné; mais s'il revient, il sera le bien-venu chez moi, après ce que le maître Abraham m'en a dit. — Pour maître Abraham, laissez-le hors du jeu, madame, les complots qu'il a faits ont toujours été pour le bonheur de la maison ducale. — Qu'est-ce que je voulais dire, — oui : — non-seulement le maître de chapelle a été obligé de s'enfuir d'une manière fort inconvenante, quoique je l'eusse reçu avec bonté, mais il est et il reste un homme fort spirituel, qui m'amuse malgré ses bizarreries, et cela suffit!

La conseillère étouffait de rage en se voyant éconduite aussi froidement. Voulant descendre gaîment le torrent, elle avait heurté contre un écueil caché.

Un grand bruit se fit entendre dans la cour. Une longue file de voitures s'approcha, accompagnée d'une compagnie de hussards du grand duc. Le grand maître des cérémonies, le président, les conseillers du duc, plusieurs personnes de la haute société de Sieg-hartsweiler descendirent à la porte. La nouvelle d'une révolution dirigée contre la vie du duc était parvenue jusque dans la ville, et les fidèles avec d'autres admirateurs de la cour arrivaient pour entourer la personne du duc, amenant les défenseurs de la patrie que le gouverneur leur avait très-difficilement accordés.

Les assurances de l'assemblée, qu'elle était prête à donner sa vie pour le très-gracieux seigneur, ne permirent pas au duc de placer un mot. Il voulut commencer enfin, quand l'officier qui commandait les hussards entra, pour lui demander le plan des opérations militaires.

Il est dans la nature humaine que, lorsqu'un danger se dissipe, la sécurité nous cause le plus grand dépit. L'idée d'avoir échappé à un véritable danger, et non celle, qu'il n'y en avait pas du tout, nous fait plaisir.

Le duc avait donc beaucoup de peine à cacher sa mauvaise humeur, sa colère de ce tumulte inutile. Pouvait-il, devait-il dire que tout ce bruit avait été occasioné par le rendez-vous d'un valet et d'une femme de chambre, par la jalousie d'un prince amoureux? Il se creusait inutilement la tête; le silence solennel, qui régnait dans le salon, interrompu seulement par le hennissement courageux des chevaux devant la porte, l'écrasait. Il toussa enfin et commença avec emphase : — Messieurs! La volonté miraculeuse du ciel — Que voulez-vous, mon ami?

Le duc s'interrompit lui-même par cette question, adressée au grand maître des cérémonies. Le grand maître avait fait plusieurs revérences et donné à entendre par ses regards, qu'il avait quelque chose d'important à dire. Il annonça l'arrivée du prince Hector.

Le visage du duc devint rayonnant; il vit qu'il pourrait passer en peu de mots sur le danger supposé qui avait menacé sa cour et transformé comme par magie cette assemblée vénérable en une cour de réception. Il le fit.

Peu d'instans après, le prince parut, en grand uniforme, beau et fort comme le dieu qui envoie ses flèches au loin. Le duc fit quelques pas à sa rencontre, et recula comme frappé par la foudre. Ignace suivait le prince. Le prince ducal devenait malheureusement tous les jours plus absurde et plus stupide. Les hussards devaient lui avoir plu extrêmement, car il avait pris à l'un d'eux son sabre, sa giberne, et son schako, pour s'en parer. Il arrivait ainsi en sautillant, comme s'il était à cheval, le sabre nu dans la main, laissant traîner le fourreau en métal sur le parquet, et étouffant de rire d'une manière fort séduisante.

— Partez, — décampez, — allez-vous-en, — tout de suite! cria le duc, les yeux étincelans et d'une voix de tonnerre, à Ignace effrayé, qui s'en fut au plus vite.

Aucun des assistans ne manqua de tact au point de remarquer le prince Ignace et toute la scène.

Le duc, rayonnant d'affabilité, dit alors quelques mots au prince, et l'un et l'autre se promenèrent ensuite dans le cercle, parlant à chacun. La réception était finie, c'est-à-dire les phrases spirituelles et profondément pensées, dont on se sert dans ces occasions, avaient été convenablement placées; le duc conduisit le prince dans les appartemens intérieurs de la duchesse, et ensuite dans la chambre de la princesse, Hector insistant sur le plaisir de surprendre sa bien-aimée. Ils y trouvèrent Julie.

Le prince vola vers Hedwige avec l'empressement de l'amant le plus passionné, pressa mille fois sa main contre ses lèvres, jura qu'il n'avait vécu que par son souvenir, qu'un malentendu affreux lui avait fait éprouver les tourmens de l'enfer, que sa séparation d'avec celle qu'il adorait lui était devenue insupportable, et que maintenant il jouissait du bonheur des cieux.

Hedwige le reçut avec cette gaîté franche, qui ne lui était point naturelle. Elle répondait à ses tendresses comme une fiancée peut le faire, sans de trop grandes concessions, et elle alla même jusqu'à le tourmenter un peu de sa cachette et assurer qu'elle ne connaissait pas de changement plus agréable que celui d'une tête à perruque qu'elle avait cru voir à la croisée du pavillon, en une tête de prince. Cela donna lieu à d'aimables plaisanteries entre l'heureux couple, plaisanteries qui parurent égayer même le duc, qui crut reconnaître maintenant toute l'erreur de madame Benzon, par rapport à Kreisler, l'amour d'Hedwige pour le plus bel homme ne se trahissant que trop. Pour Julie, dès qu'elle vit le prince, un frisson parcourut ses membres; pâle, les yeux baissés, elle pouvait à peine se soutenir.

Après quelques instans, le prince se tourna vers Julie et lui dit : — Mademoiselle Benzon est, si je ne me trompe, une amie de la princesse, depuis son enfance ?

—Sa sœur pour ainsi dire! ajouta le duc en la présentant. Le prince saisit la main de Julie, et lui dit d'une voix à peine intelligible : — C'est toi !

Julie chancela, des larmes amères s'échappèrent de ses yeux, et elle serait tombée si la princesse ne l'avait soutenue.

— Julie, lui dit Hedwige, en se penchant vers elle, Julie, courage! Ne comprends-tu pas ce que je souffre?

Le duc ouvrit la porte et demanda de l'eau de Luce.

—Je n'en ai pas, dit maître Abraham qui entrait, mais j'ai de l'éther; quelqu'un s'est-il évanoui? l'éther est bon aussi!

— Entrez vite, répondit le duc, et secourez mademoiselle Julie.

Mais à peine maître Abraham fut-il entré dans le salon, qu'un événement fort inattendu eut lieu. Le prince resta pétrifié à sa vue, ses cheveux se dressèrent, la sueur de l'angoisse parut sur son front. Un pied en avant, le corps renversé, les bras étendus, il ressemblait à Macbeth au moment où il voit le spectre de Banco.

Le maître tira tranquillement le flacon de sa poche et s'approcha de Julie.

Le prince revint à la vie : — Est-ce vous, Séverino ? s'écria-t-il avec l'expression de l'horreur.

— Sans doute, répondit Abraham sans se troubler le moins du monde; sans doute, je suis enchanté que vous vous souveniez de moi, monseigneur; j'ai eu l'honneur de vous rendre à Naples un petit service, il y a quelques années.

Le maître s'avança de nouveau, mais le prince le saisit par le bras, le tira dans un coin de la chambre, et commença la conversation suivante, que personne ne comprit parce qu'il parlait très-vite le dialecte napolitain.

— Sévérino, d'où cet homme tient-il le portrait? — Sait-il...

— Non.

— Vous tairez-vous?

— Pour le moment.

— Sévérino, vous êtes le diable même qui me poursuit! qu'entendez-vous par là?

— Tant que vous serez modéré, et que vous laisserez Kreisler et cette jeune fille en repos.

Le prince quitta maître Abraham et se mit dans l'embrasure d'une croisée. Julie était revenue à elle, et regardant Abraham avec l'expression de la plus profonde douleur, elle lui dit : — Oh cher maître, vous pourrez me sauver; n'est-ce pas, votre savoir tournera tout à bien? Le maître fut frappé du rapport de ces mots et de sa conversation; il semblait que Julie avait deviné tout le secret.

— Tu es un ange, répondit-il tout aussi bas; et le crime n'a pas de pouvoir sur toi. Aies confiance en moi, et prends courage. Pense aussi à notre Jean!

— Ah, s'écria-t-elle douloureusement, il reviendra, n'est-ce pas, je le reverrai?

— Certainement, reprit le maître en posant le doigt sur sa bouche. Julie le comprit.

Le prince s'efforça de paraître calme, et raconta que cet homme, qu'on nommait Abraham, avait été témoin à Naples d'un événement fort tragique, dans lequel il avait été acteur lui-même; qu'il n'était pas le moment d'en faire le récit, mais que plus tard il s'expliquerait volontiers.

L'agitation intérieure était trop violente pour ne pas laisser des traces, et la figure bouleversée du prince, où on ne voyait plus une goutte de sang, s'accordait fort mal avec cette conversation insignifiante. La princesse réussit mieux que lui à bannir la contrainte. Elle le poursuivait dans le labyrinthe de ses propres idées, avec cette ironie qui se joue du soupçon et de l'aigreur. Lui, l'homme le plus adroit, maniant toutes les armes de la perversité, ne pouvait résister à cet être incompréhensible. Plus Hedwige parlait avec vivacité, plus les éclairs de sa raillerie spirituelle devenaient fréquens et plus le prince parut troublé et tourmenté, jusqu'à ce qu'enfin sa position devint insupportable. Il s'éloigna précipitamment.

Il arriva au duc ce qui lui arrivait toujours en pareils cas : il ne savait que penser. Il se contenta de quelques phrases françaises sans importance, auxquelles le prince répondit de la même manière.

Le prince était déjà sorti, quand Hedwige, changée dans tout son être et fixant le tapis, s'écria d'une voix forte : — Je vois la trace sanglante d'un assassin ! Puis revenant à elle, elle pressa Julie violemment sur son cœur, et lui dit : — Ange, mon pauvre ange, ne te trouble pas.

— Secrets, sottises, extravagances, imaginations romanesques ! s'écria le duc avec humeur. Ma foi, je ne reconnais plus ma cour ! Maître Abraham, vous réglez mes montres quand elles ne vont pas bien ; ne pourriez-vous pas examiner le dérangement survenu dans ce rouage, qui autrefois ne s'arrêtait jamais ? Mais qu'est-ce que ce Séverino ?

— C'est sous ce nom, répondit le

maître, que je fis voir à Naples mes tours d'optique et de mécanique.

— Ah! ah! dit le duc en regardant fixement le maître comme s'il avait une question sur le bord des lèvres; puis il se détourna brusquement et quitta la chambre en silence.

On avait cru que madame Benzon était chez la duchesse; mais elle était rentrée chez elle. Julie avait besoin du grand air, et le maître la conduisit dans le parc. En se promenant sous les allées presque dépourvues de feuillage, ils parlèrent de Kreisler et de son séjour dans l'abbaye. Ils arrivèrent à la hutte du pêcheur; Julie y entra pour se reposer et vit la lettre de Kreisler sur la table: le maître la lui communiqua sans hésiter. Pendant cette lecture, les joues de Julie s'étaient colorées et ses yeux brillaient d'un doux feu, reflet d'une âme calme.

— Vois-tu bien, ma chère enfant, lui dit le maître avec affabilité, comme la douce influence de mon Jean se fait sentir sur toi, même dans l'éloignement! Qu'as-tu à craindre de ces projets criminels, si la constance, l'amour et le courage t'en préservent?

— Miséricorde divine! s'écria Julie en levant les yeux au ciel; préserve-moi de moi-même!

Ces mots involontaires la saisirent d'effroi, elle retomba sur son siège et couvrit de ses mains son visage brûlant.

— Je ne te comprends pas, mon enfant, et peut-être ne te comprends-tu pas toi-même; examine-toi donc à fond et ne te ménage pas par une fausse délicatesse.

Le maître abandonna Julie à ses sombres réflexions, et regarda, les bras croisés, la mystérieuse boule de cristal. Un doux pressentiment remplit son cœur.

— C'est toi que je questionnerai, dit-il, c'est à toi que je demanderai conseil, oh mystère sublime de ma vie. Fais-moi entendre ta voix! Tu sais que jamais je n'ai été un homme ordinaire, quoiqu'on m'ait souvent pris pour tel. En moi brûlait l'amour qui est l'âme de l'univers, et l'étincelle dans mon cœur se changea en flamme par le souffle de ton être. Ne crois pas, Chiara, que l'âge ait glacé ce cœur, et qu'il ne sache plus battre aussi rapidement que le jour où je t'arrachai au cruel Séverino; ne crois pas que je sois moins digne de toi que lorsque tu es venue me trouver. Oui, fais-moi entendre ta voix, et je poursuivrai ce son avec tout le feu de la jeunesse, jusqu'à ce que je te retrouve; nous vivrons ensemble et nous pratiquerons la vraie magie, que tous reconnaissent sans y croire. Et si tu n'es plus sur la terre, si ta voix me parle du haut des cieux, je m'en contenterai, et je reviendrai plus fort que jamais !

— Maître, s'écria Julie, qui s'était levée et qui avait écouté avec le plus grand étonnement ; maître, à qui parlez-vous, que voulez-vous faire ? vous prononciez le nom de Sévérino ; et le prince, revenant de son saisissement, vous nommait vous-même Sévérino. Quel horrible secret est caché dans ce nom ?

Abraham revint de son exaltation, et (ce qui ne lui était pas arrivé depuis long-temps) cette affabilité bizarre et presque ricaneuse, qui formait un contraste choquant avec ses manières cordiales, et donnait à tout son être l'expression d'une caricature un peu repoussante, se répandit sur ses traits.

— Ma belle dame, dit-il, de cette voix tranchante, dont les joueurs de gobelets annoncent ordinairement leurs miracles; ma belle dame, ayez un peu de patience; j'aurai l'honneur de vous montrer ici les choses les plus étonnantes. Ces hommes qui dansent, ce petit Turc qui connaît l'âge de toutes les personnes, cet automate, cette palingénésie, ces images difformes, ces miroirs optiques; toutes ces choses sont de charmans joujoux magiques; mais le meilleur manque, ma fille invisible est arrivée. Voyez, la voilà dans la boule de crystal, mais elle ne parle pas encore; car elle est fatiguée du long voyage; elle vient directement des Indes. Dans quelques jours elle parlera, et alors nous la questionnerons sur le prince Hector, sur Séverino et sur les événemens passés et à venir! — Maintenant un petit amusement bien simple.

A ces mots, le maître se leva avec la promptitude et la vivacité d'un jeune homme, monta les machines, arrangea les miroirs magiques. Un mouvement subit se fit partout; les automates se promenaient en tournant la tête, un coq battait des ailes en chantant, des perroquets poussaient des cris perçans, et Julie et le maître, étaient aussi bien devant la porte que dans la chambre. Julie, quoique bien habituée à toutes ces folies, se sentit cependant saisie de crainte en voyant l'exaltation d'Abraham. — Maître, s'écria-t-elle tout effrayée, que vous est-il donc arrivé ?

— Mon enfant, répondit le maître d'un ton sérieux, il m'est arrivé quelque chose de beau et de miraculeux, mais il ne convient pas que tu le saches. Laisse finir leurs grimaces à ces machines, pendant que je te confierai ce qui te sera utile et nécessaire. Ma chère Julie, ta mère t'a fermé son cœur, moi je t'ouvrirai le mien pour que tu puisses y lire le danger qui te menace, et que tu puisses lui échapper. Apprends sans plus de détour, que ta mère n'a décidé rien autre chose que de te........

LE MANUSCRIT DE MURR.

.... cependant n'en rien faire. jeune chat, sois modeste comme moi, et ne te mets pas tout de suite à faire des vers lorsque la simple prose suffit pour exprimer tes idées. Les vers doivent être dans un livre en prose ce que le lard est dans le boudin, c'est-à-dire entremêlés en petits morceaux, et donner à l'ensemble plus de luisant et de gras, plus d'agrément au goût. Je ne crains pas que mes collègues poétiques trouvent cette comparaison commune et triviale, puisqu'elle est prise dans notre mets favori.

Quelqu'indignes, et même quelque misérables que me parussent, d'après mes principes philosophiques et moraux, la position de Punto, sa manière de vivre, ses moyens de plaire à son maître, je ne fus pas moins ébloui par ses manières dégagées, son élégance, sa grâce séduisante. Je voulais absolument me convaincre que mon grand savoir, et le sérieux que je mettais à tout ce que je faisais, me mettaient beaucoup au-dessus de l'ignorant Punto, mais un sentiment invincible me disait que Punto m'éclipserait partout : je me sentais forcé de reconnaître sa supériorité sur moi. Une tête de génie comme la mienne fait à chaque occasion, à chaque expérience, des réflexions toutes personnelles, et c'est ainsi que, réfléchissant à ma disposition morale et à mes rapports avec Punto, je fis certaines observations agréables qui méritent d'être communiquées. D'où vient, me dis-je en moi-même en posant ma patte contre mon front, d'où vient que ces grands poètes, ces grands philosophes, spirituels d'ailleurs, se montrent si gauches dans ce qu'on nomme le grand monde? Ils sont toujours là où ils ne devraient pas être, ils parlent quand ils devraient se taire, et ils se taisent, lorsqu'une réponse serait nécessaire; ils heurtent sans cesse la forme existante de la société, et se blessent eux et les autres;

En un mot ils ressemblent à celui qui rentre seul dans la ville au moment où une file de gais promeneurs sortent paisiblement des barrières, et qui dérange tout le monde en poursuivant impétueusement son chemin. On l'attribue, je sais, au manque d'habitude du monde qu'on ne saurait acquérir dans son cabinet ; mais je pense, moi, que cette habitude serait facile à prendre, et que leur invincible gaucherie doit avoir une autre cause. Celui-là ne serait ni grand poète, ni grand philosophe qui ne sentirait pas sa prépondérance ; mais il faudrait qu'il manquât de ce sentiment délicat, propre à tout homme d'esprit, s'il ne comprenait pas qu'on ne peut reconnaître cette prépondérance, parce qu'elle détruit l'équilibre vers lequel tendent tous les efforts de la haute société. Chaque ton doit se perdre dans l'accord de l'ensemble; mais le ton du poète est dissonnant, et par conséquent un mauvais ton dans ce moment-là, fût-il excellent dans toute autre position, car il ne va pas avec l'ensemble. — Le bon ton est comme le bon goût; il consiste uniquement à éviter tout ce qui est déplacé. Je crois ensuite que la mauvaise humeur, provenant du sentiment contradictoire de sa propre supériorité et de son apparition déplacée, embarrasse le poète et le philosophe sans expérience du monde. Il est nécessaire qu'on ne s'estime pas trop haut soi-même, pour se conformer au bon ton, qui n'a d'autre but que de polir toutes les pointes, et toutes les aspérités, et de changer toutes les physionomies en une seule. Libre de toute mauvaise humeur, l'esprit dégagé, il reconnaîtra facilement l'essence de cette haute culture, et les misérables principes sur lesquels elle repose, et cette connaissance seule l'initiera dans ce monde qui exige cette culture comme indispensable. Il en est autrement des artistes, invités comme le poète et le philosophe à fréquenter la haute société, pour qu'un grand personnage puisse se donner des airs de Mécène. Il reste toujours quelque chose du métier à ces artistes, et voilà pourquoi ils sont ordinairement soumis jusqu'à l'abjection, ou arrogans jusqu'à l'insolence.

(Remarque de l'éditeur.) — « Murr, je suis fâché que tu te pares si souvent de plumes étrangères ; tu perdras par là considérablement aux yeux du bienveillant lecteur. — Toutes ces réflexions, dont tu te vantes, ne viennent-elles pas de la bouche du maître de Chapelle Kreisler, et est-il possible que tu aies pu recueillir assez d'expérience pour pénétrer le cœur d'un écrivain, la chose du monde la plus bizarre?»

— Pourquoi, me dis-je ensuite, un matou d'esprit, fût-il même poète, écrivain ou artiste, ne réussirait-il pas à s'élever à cette connaissance du bon ton, et à se présenter lui-même avec toute la grâce et la beauté extérieures possibles?—La nature aurait-elle donc accordé cet avantage seulement à l'espèce des chiens? Sans doute nous, chats, nous différons un peu de cette espèce hautaine, par l'habillement, par la manière de vivre et les habitudes; mais cependant nous sommes formés tout aussi bien qu'eux de chair et d'os, de corps et d'âme, et les chiens ne s'y prennent pas autrement que nous pour soutenir leur vie. Les chiens aussi mangent, ils boivent, ils dorment et ils souffrent quand on les rosse. — Je résolus de me mettre sous la direction de mon jeune ami comme il faut, du barbet Punto, et je rentrai dans la chambre de mon maître. Un regard dans la glace me prouva que la ferme volonté d'arriver au bon ton, avait eu déjà une influence avantageuse sur mon extérieur. Je me regardais avec une parfaite satisfaction. — Est-il un état plus doux que celui d'être content de soi? — Je filais!

— Le lendemain je ne me contentai pas de m'asseoir devant la porte; je me promenai dans la rue et je vis de loin M. le baron Alcibiade de Wipp, et derrière lui mon ami Punto. Il ne pouvait venir plus à propos; je me composai avec autant de dignité que possible, et m'approchai de mon ami avec cette grâce inimitable qui ne peut être donnée par l'art. Mais! quel accueil m'attendait! — Dès que le baron m'aperçut il s'arrêta, me regarda fixement avec sa lorgnette, et s'écria : — Allons Punto. Au chat! Au chat! — et Punto, ce faux ami, se précipita sur moi avec fureur. Saisi, mis hors de moi-même par cette infâme trahison, j'étais incapable de me défendre, et je me baissai autant que possible pour éviter les dents pointues que Punto me montrait en grognant. Il sauta plusieurs fois par-dessus moi sans me mordre, et me dit à l'oreille : —Murr, ne sois pas assez fou pour avoir peur. Tu vois bien que je plaisante, et que je le fais seulement pour plaire à mon maître! Alors il répéta ses bonds, et fit même comme s'il me saisissait par les oreilles, mais sans me blesser le moins du monde. — Maintenant, me dit-il enfin, maintenant décampe, mon ami; là, dans ce soupirail ! — Je ne me le fis pas dire deux fois et je partis comme un trait. — Malgé l'assurance de Punto, qu'il ne me ferait aucun mal, j'avais eu grand'peur; car on ne peut savoir au juste dans ces momens critiques, si l'amitié sera assez forte pour vaincre le naturel.

M'étant sauvé dans la cave, Punto continua la comédie qu'il avait commencée en l'honneur de son maître. Il se mit à aboyer devant le soupirail, passa la tête à travers les barreaux, et fit semblant d'être furieux de ce que je lui avais échappé. — Vois-tu, me dit-il ensuite, vois tu, reconnais-tu maintenant les bons résultats de la haute culture? Je viens de me montrer obéissant et soumis à mon maître, sans m'attirer ta haine, bon Murr. Voilà comment agit l'homme du monde que le sort a fait instrument dans les mains d'un homme puissant. Si on l'ordonne il faut qu'il se précipite sur qui que ce soit, mais il doit avoir assez d'adresse pour ne mordre que quand cela convient à ses propres intérêts.

J'expliquai alors en peu de mots à mon ami comme j'étais décidé à profiter de sa haute culture, et lui demandai de quelle manière il pourrait me l'enseigner. Punto refléchit un instant et dit ensuite qu'il vaudrait mieux me donner tout de suite une idée bien précise du grand monde, dans lequel il avait le plaisir de vivre, et que cela ne pouvait se faire mieux qu'en l'accompagnant le même soir chez la charmante Badine, qui tenait cercle pendant le théâtre. Badine était une levrette au service de la première dame d'atours. — Je me parai aussi bien que possible, je lus quelques pages de Knigge et parcourus quelques nouvelles comédies de Picard, pour me montrer exercé dans la langue française, et je descendis ensuite devant la porte. Punto ne se fit pas attendre, et nous arrivâmes bientôt dans la chambre bien éclairée de Badine, où je trouvai une grande assemblée de barbets, de chiens-loups, d'épagneuls, et de levriers, assis en cercle ou répartis en groupes séparés.

Le cœur ne me battait pas peu dans cette société d'ennemis. Plus d'un barbet me regardait avec étonnement et mépris, et semblait dire : — Que veut ce matou parmi nous, gens sublimes ? Par ci, par là, un chien-loup me montrait même les dents à me faire voir qu'il aurait bien voulu me sauter aux yeux, si les convenances, la dignité et le bon ton des assistans n'avaient pas défendu toute violence comme chose indécente. Punto me tira de mon embarras en me présentant à la belle maîtresse de la maison, qui m'assura avec une gracieuse condescendance qu'elle était enchantée de recevoir chez elle un chat de ma célébrité. — Alors seulement, quand Badine m'eut dit quelques mots, on fit attention à ma personne; on m'accosta même, et l'on parla de mes écrits, qui, disaient-ils, les avaient vraiment amusés. Ces complimens flattaient ma vanité et je m'aperçus à peine qu'on m'interrogeait sans attendre ma réponse, qu'on vantait mon talent sans le connaître, qu'on louait mes ouvrages sans les comprendre. Un instinct naturel me fit répondre comme on me questionnait, c'est-à-dire, trancher sur tout et en expressions tellement générales, qu'on pouvait les appliquer à tout ce que l'on voulait, n'avoir aucune opinion et éterniser une conversation superficielle.— Punto m'assura en passant qu'un vieux chien-loup lui avait dit que, pour un matou, j'étais assez amusant, et que je montrais de la disposition pour la bonne conversation. —Un éloge pareil réjouirait l'esprit le plus morose.

Jean-Jacques Rousseau avoue en arrivant à l'histoire du ruban qu'il vola, et dont il laissa accuser une jeune fille, combien il lui en coûte de rappeler ce moment criminel de sa vie. — Je me trouve dans le même cas que ce biographe estimé. Sans doute, je n'ai pas un crime à avouer, mais, si je veux rester vrai, je ne puis taire une folie que je commis ce soir-là, qui me troubla pendant long-temps, et qui mit même ma raison en danger. Et n'est-il pas tout aussi difficile, même plus difficile d'avouer une folie qu'un crime?

— J'étais depuis peu dans la société lorsque je fus saisis par un tel malaise, une telle mauvaise humeur, que je souhaitais d'être bien loin sous le poêle de mon maître. L'ennui, l'horrible ennui m'oppressait et me fit oublier toutes les convenances. Je passai doucement dans un coin éloigné pour céder au sommeil; et toutes ces conversations que j'avais prises d'abord dans ma mauvaise humeur pour le jargon le plus fade, le plus vide de sens me parurent alors le bruit monotone du moulin, qui vous jette dans un doux assoupissement. Tout-à-coup, je crus voir devant mes yeux à demi fermés, un éclat éblouissant. Je regarde et je vois devant moi une charmante levrette, blanche comme la neige, appelée Minona, la belle nièce de Badine, à ce que je sus plus tard.

— Monsieur, me dit Minona, avec cette douce voix qui ne retentit que trop dans le cœur d'un jeune homme ; monsieur, vous voilà bien seul. Vous paraissez vous ennuyer? J'en suis fâchée! Sans doute, un aussi grand poète que vous, transporté dans des régions élevées, doit trouver l'agitation de la société ordinaire très-superficielle et insignifiante.

Je me levai un peu troublé, honteux que mon naturel l'eût emporté sur toutes les théories du bon ton, ce qui fit sourire Minona. Mais revenant aussitôt aux belles manières, je saisis la patte de Minona, et la serrant contre mes lèvres je parlai des momens d'inspiration, auxquels succombe souvent le poëte. Minona m'écouta avec des marques visibles de l'intérêt le plus vif, de l'attention la plus soutenue, et je m'élevai à une exaltation si extraordinaire que je finis par ne plus me comprendre moi-même. — Minona ne me comprenait apparemment pas davantage, mais elle parut ravie et m'assura qu'elle n'avait jamais eu de plus grand désir que de connaître le grand Murr, et que le moment présent était un des plus beaux et des plus heureux de sa vie.

Que dirai-je! je sus bientôt que Minona avait lu mes œuvres, mes poésies les plus sublimes, qu'elle ne les avait pas seulement lues, mais parfaitement comprises. Elle en récita plusieurs passages avec une grâce qui me transporta au ciel!

— Oh, charmante demoiselle! m'écriai-je transporté de joie, vous avez récité mes vers, oh ciel! est-il une plus douce récompense pour le poète?

— Murr, dit Minona avec douceur, matou de génie, pouvez-vous croire qu'un cœur sensible, qu'une âme poétiquement sentimentale puissent vous rester étrangers? — À ces mots elle soupira profondément, et ce soupir me fit comprendre le reste. Qu'en arriva-t-il? Je devins tellement amoureux de la belle levrette que dans mon aveuglement, je ne m'aperçus pas qu'elle s'interrompait au milieu de la conversation la plus tendre, pour parler de niaiseries avec un petit épagneul bien fat, qu'elle m'évitait pendant toute la soirée, qu'elle me traitait d'une manière qui aurait dû me prouver clairement, qu'elle n'avait adressé ces éloges, cet enthousiasme, qu'à elle-même. — Je restai un fou aveuglé, je suivis la belle Minona à chaque pas; je fis les plus beaux vers sur elle. Je la faisais l'héroïne de plus d'un roman absurde et charmant, je me faisais introduire dans beaucoup de sociétés où je n'aurais pas dû me montrer, et je recueillis plus d'un chagrin amer, plus d'une raillerie, plus d'une insulte affligeante.

Souvent, dans mes momens de calme, je reconnus moi-même la folie de mes actions; mais ensuite je me rappelai le Tasse, et tant d'autres poètes modernes, aux sentimens chevaleresques, qui ne cherchent qu'une dame à laquelle ils puissent adresser leurs poésies, et qu'ils adorent de loin, comme don Quichotte sa Dulcinée, et alors je ne voulais être ni moins sublime, ni moins poétique qu'eux, et je jurai une fidélité et un dévouement sans borne, jusqu'à la mort, à ce fantôme de mes rêves amoureux, à la belle et blanche levrette. Une fois saisi par ce singulier délire, je tombai d'une folie dans un autre, si bien que mon ami Punto, après m'avoir averti des affreuses mystifications qu'on me préparait, crut devoir s'éloigner de moi. Qui sait ce qui serait arrivé, si ma bonne étoile ne m'eût préservé! Elle voulut qu'un soir je quittai fort tard la belle Badine pour aller voir ma bien-aimée Minona. Je trouvai toutes les portes fermées, et mes efforts pour entrer restèrent infructueux. Le cœur plein d'amour et de désir, je voulus du moins annoncer ma présence à la belle, et j'entonnai sous sa croisée une des plus tendres romances espagnoles qu'on ait jamais senties et composées. C'était la plus lamentable qu'on pût entendre !

J'entendis aboyer Badine, et même grogner la douce Minona ; mais au moment où j'y pensais le moins, on ouvrit précipitamment la croisée au-dessus de moi et l'on me jeta un sceau d'eau glaciale sur le dos. On comprendra facilement la vitesse avec laquelle je rentrai chez moi. Le contraste du feu intérieur et de l'eau froide me donna une fièvre violente. Rentré chez mon maître je tremblais de froid. Il devina ma maladie à la pâleur de ma figure, de mes yeux éteints, de mon pouls irrégulier, et il me donna du lait chaud que je bus avec avidité, puis je me roulai dans la couverture de ma couchette, et je m'abandonnai entièrement à mon mal. D'abord mon délire me représenta des levrettes et des lévriers; ensuite mon sommeil devint plus calme, et enfin tellement profond que je crois sans exagération avoir dormi trois jours et trois nuits sans interruption.

— Au réveil, je me sentis gai et bien portant, j'étais guéri de ma fièvre, et, (oh miracle!) de mon fol amour! Je reconnus clairement l'extravagance que m'avait fait faire le barbet Punto; je vis combien il était niais à moi, matou, de vouloir me mêler dans la société des chiens, qui se moquaient de moi parce qu'ils ne pouvaient comprendre mon esprit, et qui, forcés par la nullité de leur caractère de s'en tenir à la forme, ne pouvaient m'offrir qu'une coquille sans noyau. L'amour des sciences se réveilla en moi avec une force nouvelle, et l'intérieur de mon maître m'offrit plus de charmes que jamais. Les mois de l'âge mûr étaient arrivés, je ne fréquentai plus ni élégans, ni libertins, je sentis vivement qu'on n'avait besoin d'avoir ni l'un ni l'autre de ces travers, pour passer doucement sa vie.

Mon maître fut obligé de faire un voyage, et il crut convenable de me mettre en pension chez son ami le maître de chapelle Jean Kreisler. Une nouvelle période de ma vie commençant pour moi avec ce changement de domicile, je termine ce chapitre duquel, jeune chat, tu auras pu tirer plus d'une leçon pour l'avenir.

DIX-SEPTIÈME FRAGMENT

DE MACULATURE.

— ...... comme si des sons éloignés frappaient ses oreilles, et comme s'il entendait marcher les moines dans les corridors. Kreisler s'étant réveillé tout-à-fait, vit de ses croisées que l'église était éclairée, et il entendit le chant sourd du chœur. L'heure de minuit était passée, il fallait donc que quelque chose d'extraordinaire fût arrivé, Kreisler crut qu'un des vieux moines était mort subitement, et qu'on le déposait dans l'église. Il s'habilla précipitamment et s'y rendit. Dans le corridor, il rencontra le père Hilarion qui, à demi éveillé et à demi endormi, marchait en chancelant et tenant des cierges renversés, de sorte que la cire coulante menaçait à chaque instant de les éteindre.—Révérendissime prieur, dit-il à Kreisler, cela est contre tout ordre de chanter des litanies dans la nuit et à cette heure, et seulement parce que le frère Cyprien le demande. *Domine, libera nos de hoc monacho!*

Kreisler parvint enfin à prouver au père Hilarion qu'il n'était pas le prieur, et sut de lui avec peine qu'on avait apporté dans cette nuit, on ne savait d'où, un corps mort que le frère Cyprien seul paraissait connaître, et qui n'avait été certainement pas un homme commun, puisque le prieur, sur les instances de Cyprien, s'était décidé à chanter les litanies au moment même, pour que le lendemain après la première heure on pût procéder à l'inhumation.

Kreisler suivait le père dans l'église qui était peu éclairée, et offrait un aspect mystérieux. On n'avait allumé que les cierges du grand lustre en métal, qui descendait du plafond devant le maître-autel. La lumière vacillante éclairait à peine la nef de l'église en jetant sous les colonnades latérales des reflets tremblans, et donnaient une vie apparente aux statues des saints qui semblaient se mouvoir et s'approcher. Sous le lustre, à une clarté plus vive, on voyait le cercueil ouvert, contenant le corps, et les moines qui l'entouraient, pâles et immobiles, ressemblaient eux-mêmes à des morts sortis à minuit de leurs tombeaux. Ils chantaient d'une voix rauque et sourde les strophes monotones du *requiem*, et dans les pauses on entendait du dehors le souffle mystérieux du vent de la nuit, et les hautes croisées de l'église tremblaient comme si les âmes des morts eussent frappé aux vitres de la chapelle d'où l'écho envoyait des chants funèbres. Kreisler s'avança jusqu'à la ligne des moines, et reconnut dans le cadavre l'aide-de-camp du prince Hector. Les sombres esprits, qui exerçaient si souvent leur influence sur lui, s'éveillèrent et enfoncèrent sans pitié leurs griffes dans son cœur malade.

— Hasard moqueur, se dit-il en lui-même, m'amènes-tu ici pour que ce mort-là saigne à ma vue, comme on dit qu'autrefois le cadavre saignait à la vue du meurtrier? Et ne sais-je pas qu'il a perdu tout son sang dans ces tristes momens où il expiait ses péchés sur le lit de douleur? Il n'en a plus une goutte pour empoisonner son meurtrier, même s'il le voyait, et moins encore Jean Kreisler, car celui-là n'a rien de commun avec l'aspic qu'il écrasa au moment où il tendait sa langue pour le blesser à mort! Ouvre les yeux, mort, pour que je puisse te regarder fixement, pour que tu voies que je suis pur de péché. Mais tu ne le peux! Qui t'engagea à jouer la vie contre la vie, pourquoi jouais-tu ce jeu trompeur, quand tu n'étais pas résigné à perdre? Mais tes traits sont doux et calmes, la douleur de la mort a détruit les traces du péché sur ta belle figure, et je pourrais dire que le ciel t'a reçu dans sa grâce, parce que l'amour remplissait ton cœur; mais ce n'est pas le moment. Si je m'étais trompé en toi? Si ce n'était point un méchant démon, mais mon bon génie qui eût élevé ton bras contre moi pour m'arracher à cet horrible sort qui m'attend? Ouvre les yeux, jeune homme si pâle, dis-moi tout par un regard, dussé-je en mourir de douleur ou d'angoisse, dût cette ombre noire qui s'élève derrière moi me saisir. Oui, regarde-moi, mais non, tu pourrais me regarder comme Léonard Eulinger, je pourrais croire que c'est lui qui vient descendre avec moi dans l'abîme, au fond duquel j'entends souvent sa voix éteinte. Comment, tu souris? Tes joues, tes lèvres se colorent? la mort ne t'a-t-elle pas touché? Non, je ne lutterai pas de nouveau avec toi, mais....

Kreisler, qui, sans le savoir, avait tenu ce monologue, agenouillé et la tête appuyée sur ses mains, se leva précipitamment, et eût certainement fait quelque extravagance si, au même moment les moines, ne s'étaient tus, et si les enfans de chœur n'eussent commencé le *salve regina* avec un doux accompagnement de l'orgue. Le cercueil fut fermé et les moines se retirèrent avec solennité. La sombre exaltation du pauvre Jean se calma. Accablé de douleur et d'attendrissement il suivait les moines la tête baissée. Il se disposait à sortir par la petite porte, quand d'un coin obscur se leva un homme qui s'avança vers lui avec précipitation. Les moines s'arrêtèrent, et la clarté de leurs cierges tomba sur un grand garçon robuste, de l'âge de dix-huit à vingt ans à peu près. Son visage, rien moins que laid, portait l'expression d'une dureté sauvage; ses cheveux noirs tombaient en désordre sur ses épaules; sa veste déchirée, de toile rayée, couvrait à peine sa nudité, et des caleçons en pareil état laissaient voir toute la vigueur de ses membres gigantesques.

— Sois maudit, toi qui te fis assassin de mon frère! s'écria-t-il avec une telle rage, que l'église en retentit. A ces mots, il s'élança comme un tigre sur Kreisler et le saisit à la gorge. Mais avant que, pétrifié à cette attaque imprévue, le maître de chapelle pût songer à sa défense, le frère Cyprien se plaça à côté de lui et dit d'une voix forte et imposante : — Giuseppo, misérable! que fais-tu ici? Où as-tu laissé ta grand'-mère? Va-t'en tout de suite. — Prieur, faites appeler les frères convers, pour qu'ils chassent ce meurtrier!....

A la vue de Cyprien, le garçon avait aussitôt lâché Kreisler. — Eh bien! s'écria-t-il, ne faites donc pas tant de bruit, M. le Saint, parce qu'on veut défendre son droit. Je m'en vais; vous n'avez pas besoin de me chasser. A ces mots il sortit précipitamment par une petite porte, qu'on avait oublié de fermer et par laquelle il était apparemment entré dans l'église. Les frères convers arrivèrent, mais on ne fut pas tenté de poursuivre ce téméraire au milieu de la nuit.

Il était dans la nature de Kreisler, qu'un évènement extraordinaire et mystérieux eût une influence heureuse sur son âme, quand il avait une fois vaincu l'orage, qui menaçait de l'abattre. Le prieur fut donc étonné du calme avec lequel il se présenta le lendemain, et de l'impression cruelle que lui avait faite la vue du cadavre de celui qui avait voulu l'assassiner, et qu'il avait tué dans un état de défense légitime.

— Ni l'église, ni les lois séculières ne peuvent vous blâmer de la mort de cet homme criminel; et cependant vous ne pourrez étouffer de long-temps les reproches de la voix intérieure qui vous dit que vous auriez été plus heureux de tomber vous-même, que de tuer votre ennemi. Mais laissons cela pour le moment; j'ai quelque chose de plus pressant à vous dire. — Quel être mortel peut pressentir le changement que le moment à venir peut apporter! — Il n'y a pas long-temps que j'étais convaincu que rien ne serait meilleur pour le salut de votre âme que de renoncer au monde et d'entrer dans notre saint ordre. — Maintenant je suis d'un autre avis, et quelque cher que vous me soyez, je vous conseille de quitter l'abbaye aussitôt que possible. Que cela ne vous donne pas mauvaise opinion de moi, mon cher Jean; ne me demandez pas pourquoi je me soumets contre mon opinion à la volonté d'un homme qui menace de renverser tout ce que j'ai élevé avec tant de peine. Il faudrait pour me comprendre que vous fussiez profondément initié dans les secrets de l'église, même si je voulais vous expliquer les motifs de mes actions. Je puis cependant vous parler plus librement qu'à tout autre. Sachez donc que dans peu de temps le séjour dans l'abbaye ne vous offrira plus cette paix dont vous avez joui jusqu'à présent; que vos études seront troublées, et que le cloître ne vous paraîtra plus qu'une triste prison. Toutes les règles de l'ordre sont renversées, cette liberté, en harmonie avec la vrai piété, cesse, et le sombre fanatisme d'un moine règne dans ces murs avec une sévérité inexorable. — O Jean! vos délicieuses mélodies ne transporteront plus nos âmes d'une pieuse ferveur, le chœur sera aboli et bientôt nous n'entendrons que les répons monotones des plus anciens moines, chantés d'une voix fausse et cassée !

— Et tout cela se fera d'après la volonté du moine Cyprien ? demanda Kreisler.

— Il en est ainsi, mon cher Jean, répondit le prieur presque douloureusement, en baissant les yeux, et ce n'est pas de ma faute. Mais, ajouta-t-il, et d'une voix solennelle, tout ce qui contribue à la force et à la gloire de l'église doit se faire, et aucun sacrifice n'est trop grand !

— Et qui est donc ce grand saint, dit Kreisler avec humeur, lui qui vous commande, lui qui a eu le pouvoir de me délivrer par un mot de cet assassin ?

— Vous êtes enveloppé dans un secret, sans le connaître, mon cher Jean.

Bientôt vous en saurez davantage, plus même que je n'en sais moi-même, et cela par le maître Abraham. — Cyprien, que nous appelons encore notre frère, est un des élus. Les puissances éternelles du ciel ont daigné se mettre en rapport immédiat avec lui; dès à présent nous devons le vénérer comme un saint. — Quant à ce qui regarde ce garçon qui s'était introduit dans l'église pendant les litanies, c'est un bohémien vagabond et à moitié fou, que notre garde a fait fouetter plusieurs fois, parce qu'il volait les poulardes dans les basses-cours des paysans. Pour chasser celui-là, il n'était pas besoin d'un miracle.

A ces derniers mots un sourire ironique se plaça sur les lèvres du prieur, qui disparut aussitôt.

Kreisler se sentit pénétrer de dépit; il reconnaissait que le prieur jouait la comédie, malgré ses qualités et son esprit, et que les raisons qu'il lui avait données pour l'engager à entrer dans l'ordre avaient été tout aussi bien le prétexte d'un but caché que celles qu'il lui donnait alors. Il résolut de quitter l'abbaye et d'oublier tous ces secrets, qui pouvaient l'entraîner dans un labyrinthe sans issue. Pensant alors qu'il pourrait retourner à Sieghartshof, revoir et entendre celle qui était le seul objet de ses pensées, il se sentit agité par cette douce oppression, qui trahit toujours l'amour le plus brûlant.

Perdu dans ces réflexions, il se promenait dans la grande allée du parc, quand le père Hilarion vint à sa rencontre en lui criant : — Vous venez de quitter le prieur, il vous a tout dit? Eh bien! avais-je raison? — Nous sommes tous perdus! Ce pieux grimacier, — j'ai lâché le mot, nous sommes entre nous! — Quand il arriva — vous savez de qui je veux parler — quand il arriva sous son capuchon à Rome, sa sainteté papale l'admit aussitôt à son audience. Il tomba à genoux et lui baisa sa mule; mais au lieu de lui faire signe de se relever, sa sainteté le laissa là pendant plus d'une heure. «Voilà ta première pénitence!» lui dit enfin sa sainteté en colère, et elle lui tint un long sermon sur les criminelles erreurs dans lesquelles Cyprien était tombé. Puis il reçut une longue instruction dans certains appartemens secrets, et puis il partit! — Il n'y a pas eu de saint de long-temps! Le miracle — vous avez vu le tableau — le miracle, dis-je n'a reçu qu'à Rome sa vraie forme. — Je ne suis qu'un honnête bénédictin, un bon préfet de chœur, comme vous l'avouerez vous-même, et j'aime boire un bon verre de vin en l'honneur de la sainte église catholique; mais ma seule consolation, est qu'il ne restera pas longtemps ici : il faut qu'il voyage. *Monachus in claustro non valet ova duo: sed quando est extra, bene valet triginta.* — Il finira par faire des miracles. — Voyez, Kreisler, le voilà dans l'allée, il nous a vus et il ne sait quelle contenance tenir.

Kreisler reconnut le frère Cyprien qui marchait dans l'allée d'un pas lent et mesuré, les yeux fixés au ciel, les mains jointes comme dans une pieuse extase. Le père Hilarion s'éloigna, maître Kreisler continua de regarder le moine dont la figure et les manières avaient quelque chose d'étrange qui le distinguait de tous les autres hommes. Des évènemens extraordinaires laissent des traces visibles, et peut-être était-ce quelque malheur peu commun qui avait donné au moine cet extérieur remarquable. Le moine voulut passer près de Kreisler; mais celui-ci se sentit disposé à barrer le chemin à cet envoyé sévère du chef de l'église, à ce persécuteur du plus beau des arts. Il le fit par ces mots :—Permettez, révérendissime, que je vous exprime ma gratitude. Votre parole puissante m'a tiré des mains de ce polisson de bohémien; sans cela il m'eût étranglé comme une poule volée.

Le moine parut revenir d'un songe, passa sa main sur son front et regarda Kreisler comme pour se rappeler qui il était. Puis ses traits prirent l'expression d'un sérieux sombre et sévère, ses yeux étincelaient de colère, et il s'écria d'une voix forte : — Homme téméraire, vous auriez mérité que je vous abandonnasse à vos péchés! N'est-ce pas vous qui profanez le saint culte de l'église, ce premier soutien de la religion, par des chansons mondaines! N'est-ce pas vous qui avez troublé les cœurs les plus fervens, qui les avez détournés du ciel pour qu'ils s'adonnent à des plaisirs sensuels?

Kreisler se sentit aussi blessé par ces reproches exagérés, que grandi par cette sotte hauteur d'un moine fanatique qu'on pouvait combattre avec des armes si légères.

— Si c'est un péché, dit-il très-tranquillement en fixant Cyprien, si c'est un péché que de louer la puissance éternelle dans le langage qu'elle nous a donné, pour que ce don du ciel réveille en nous la ferveur de la piété, et l'espérance d'un avenir, si c'est un péché de s'élever sur les ailes du chant au-dessus de ce qui est terrestre, et de chercher Dieu avec un pieux amour, oh alors, révérendissime, vous avez raison et je suis un grand pécheur.

Mais permettez-moi d'être d'une autre opinion et de croire fermement que le culte de l'église manquerait de sa gloire la plus pure, si le chant se taisait.

— Priez donc la Sainte-Vierge, dit le moine avec sévérité et sécheresse, de tirer le voile qui couvre vos yeux, et de vous faire reconnaître votre blâmable erreur !

— Quelqu'un demanda à un compositeur, dit Kreisler en souriant avec douceur, comment il s'y prenait pour que sa musique d'église fût pleine d'une pieuse extase. « Quand la composition ne veut pas bien aller, répondit ce pieux maître, alors je dis quelques *ave* en marchant dans la chambre et les idées me reviennent. » — Ce même maître, dit d'une grande composition d'église : « Ce n'était que quand j'étais parvenu à la moitié de mon ouvrage, que je sentais qu'il était bon. Jamais aussi, je n'avais été si pieux que pendant ce temps : tous les jours je tombais à genoux et priais Dieu de me donner assez de force pour finir heureusement cet ouvrage. »

— Il me semble, mon révérend, que ni ce maître, ni ce vieux Palestrina ne se livraient pas au péché, et qu'un cœur, refroidi par un endurcissement fanatique, peut seul ne pas être enflammé par la piété de leurs chants.

— Créature! qui es-tu, cria le moine avec colère, pour que je conteste avec toi, qui devrais te jeter la face contre terre à mes pieds? — Sors de l'abbaye, et ne trouble plus ce saint lieu!

Révolté de ce ton impérieux, Kreisler lui dit avec véhémence : — Et qui es-tu donc, moine insensé! pour t'élever au-dessus de tout ce qui est humain? — Es-tu pur de péchés? n'as-tu jamais eu des projets dignes de l'enfer? n'as-tu jamais trébuché sur le chemin glissant que tu poursuis? et si la Sainte-Vierge t'a vraiment arraché à la mort, que tu avais peut-être méritée par quelque crime, elle ne l'a fait que pour que tu reconnaisses tes péchés avec repentir, mais non pour que tu te vantes avec un orgueil téméraire de la grâce du ciel et de la sainte couronne que tu n'obtiendras jamais.

Le moine lançait des regards irrités sur Kreisler en balbutiant des paroles inintelligibles.

— Et quand tu portais encore cet habit, moine orgueilleux !.... continua Kreisler avec une agitation croissante, en lui présentant le portrait donné par le maître Abraham; à peine le moine l'eut-il vu que, saisi de désespoir, il couvrit sa figure des deux mains et poussa un cri déchirant, comme frappé du coup de la mort.

— Sors de l'abbaye, moine criminel! lui cria Kreisler. Oh! le saint! si tu rencontres le voleur de poules, avec lequel tu es lié, dis-lui qu'une autre fois tu ne pourrais ni ne voudrais me sauver, mais qu'il y prenne garde, et qu'il ne vienne pas jusqu'à ma gorge, sinon, je l'empalerai comme une alouette ou comme son frère, car pour empaler..... — Kreisler eut horreur de lui-même. Le moine était devant lui raide, sans mouvement, les mains sur sa figure, incapable d'articuler un son; Kreisler crut voir le furieux Giuseppo. Il s'en fut épouvanté et se rendit à l'église où l'on chantait les vêpres, espérant calmer son âme profondément agitée. Les vêpres finies, les moines quittèrent le chœur, et les cierges furent éteints. Les idées de Kreisler s'étaient portées sur ces pieux et anciens maîtres dont il avait parlé dans sa querelle avec Cyprien. Des mélodies religieuses remplissaient son cœur ; il avait cru entendre chanter Julie, et l'orage de son âme s'était calmé. Il voulut sortir par une chapelle latérale, dont la porte donnait sur le long corridor qui conduisait à un escalier et ensuite à une chambre.

Kreisler, en entrant, vit un moine qui se soulevait des dalles sur lesquelles il avait été couché devant l'image miraculeuse de la Sainte-Vierge ; à la lueur de la lampe, il reconnut le moine Cyprien, pâle et comme saisi d'une faiblesse. Kreisler le secourut, et le moine lui dit d'une voix tremblante et plaintive : — Je vous reconnais, vous êtes Kreisler; ayez pitié, ne m'abandonnez pas, conduisez-moi sur ces degrés, je m'y asseoirai, mais placez-vous près de moi, tout près de moi, car la Sainte-Vierge seule doit nous entendre.

— Soyez miséricordieux, continua-t-il, après qu'ils furent assis, dites-moi si vous ne tenez pas ce portrait du vieux Sévérino, et si vous savez tout l'horrible secret.

Kreisler lui assura avec franchise qu'il tenait le portrait de maître Abraham Liskow, lui raconta tout ce qui s'était passé à Sieghartshof, et lui dit que ce n'était que sur certaines combinaisons qu'il avait deviné le crime, dont le portrait réveillait en lui le souvenir. Le moine paraissait profondément ému, et se tut un instant; mais ayant repris ses forces, il dit d'une voix ferme : — Vous savez trop, Kreisler, pour ne pas savoir tout. Ce prince Hector, qui vous poursuit jusqu'à la mort, est mon frère cadet. Nous sommes les enfans d'un roi, et j'aurais hérité de son trône, si un orage passager ne l'eût renversé. La guerre s'étant déclarée, nous entrâmes tous les deux au service, et fûmes conduits à Naples, d'abord moi, puis mon frère. — J'étais adonné alors à tous les honteux plaisirs du monde, et surtout entraîné par la passion des femmes. Une danseuse, aussi belle que corrompue, était ma maîtresse, et une foule d'autres femmes, partageaient avec elle mes pensées.

Il arriva qu'un soir à la brune, je poursuivais deux personnes de ce sexe sur le Môle, je les avais presque atteintes, quand une voix pénétrante cria près de moi : — Que ce petit prince est un charmant vaurien! le voilà qui court après des filles, tandis qu'il pourrait se reposer dans les bras de la plus belle princesse!—Mes regards tombèrent sur une vieille femme déguenillée, que j'avais vu saisir par les sbirres dans la rue de Tolède, quelques jours auparavant, parce que dans une querelle, elle avait terrassé, avec sa béquille, un porteur d'eau très-robuste. « — Que me veux-tu, vieille sorcière, » lui criai-je; mais au même instant elle me couvrit d'un déluge d'injures, ce qui rassembla bientôt autour de nous les oisifs qui éclatèrent de rire en voyant mon embarras. Je voulus m'en aller, mais la vieille, sans se lever de terre, me retint par l'habit; cessant tout à coup ses injures, et forçant sa hideuse figure à un sourire sardonique, elle me dit à voix basse : — Eh mon doux prince, ne veux-tu donc pas rester avec moi? ne veux-tu pas entendre parler de l'ange de beauté qui raffole de toi? —En disant ces mots, elle se leva péniblement en s'accrochant à mon bras et me parla à l'oreille d'une jeune fille, belle comme le jour, et encore innocente. Je pris cette femme pour une entremetteuse ordinaire, et je voulus m'en défaire avec quelques ducats ; mais elle ne prit pas l'argent, et me dit en riant lorsque je m'éloignai : — Allez, allez mon beau monsieur, bientôt vous me rechercherez, le cœur chagrin et oppressé. Quelque temps après, je ne pensais plus à la vieille, quand je vis un jour devant moi à la Villa-Réale, une dame dont la taille me parut d'une grâce ravissante. Je passai, et en la regardant, je crus que le paradis s'ouvrait à moi. — C'est ainsi que je pensais alors en vrai pécheur, et si je vous répète cette idée mondaine, c'est parce que maintenant, je réussirais difficilement à vous dépeindre une beauté terrestre. A côté de la dame marchait ou boitait, appuyée sur un bâton, une vieille femme mise avec beaucoup de décence, qui ne frappait que par sa taille extraordinaire et une certaine gaucherie dans ses mouvemens. Malgré sa lourde toilette, malgré le bonnet enfoncé qui cachait une partie de sa figure, je reconnus en elle la vieille du Môle. Son sourire hideux, ses petits signes de tête me prouvèrent que je ne me trompais pas. Je ne pus détourner les yeux de la jeune et séduisante personne; elle baissa les siens, et son éventail échappa de ses mains. Je le ramassai, et en le reprenant, je touchai ses doigts; ils tremblaient; dans ce moment, le feu de la passion la plus terrible, s'enflamma en moi, et je ne pressentis point que la première minute de l'épreuve cruelle, que Dieu m'avait imposée, était venue.

Etourdi, troublé, je m'aperçus à peine que la dame montait avec sa vieille compagne dans une voiture, arrêtée au bout de l'allée. Je ne revins à moi qu'en voyant partir la voiture; je courus comme un furieux et j'arrivai à temps pour voir la voiture s'arrêter devant une maison dans cette rue courte, étroite et qui conduit à la grande place Largo delle Piane. La dame et la vieille descendirent, et la voiture partant aussitôt qu'elles furent entrées dans la maison, je pus croire avec raison que c'était leur demeure. Sur la place Largo delle Piane demeurait mon banquier, il signore Alessandro Sperzi, et je ne sais pourquoi il me vint l'idée de lui faire une visite. Il crut que je venais pour affaire et commença à me parler des miennes en détail, mais ma tête était remplie de cette dame, je ne pensais, je n'entendais qu'elle, et je me mis pour toute réponse, à raconter au signor Sperzi ma charmante aventure. Il sut m'en dire plus que je n'espérais, car c'était lui qui, tous les six mois, recevait d'une maison d'Augsbourg des traites considérables, pour cette dame. On l'appelait Angela Benzoni, et la vieille, Magdalena Sigrun. Signor Sperzi de son côté était obligé de donner à la maison d'Augsbourg les nouvelles les plus détaillées sur la vie de la jeune personne, et on le regardait d'autant plus comme son tuteur que c'était lui qui avait dirigé son éducation, et qui réglait ses arrangemens domestiques. Il croyait la jeune fille le fruit d'une liaison illégitime, entre des personnes du plus haut rang. J'exprimai au signor Sperzi mon étonnement de ce qu'on confiait un tel trésor à une femme aussi équivoque que la vieille, qui se traînait déguenillée dans les rues et qui faisait même le métier d'entremetteuse. Le banquier m'assura au contraire qu'il n'y avait pas de femme plus dévouée et plus honnête; qu'elle soignait la jeune fille depuis sa deuxième année; qu'elle se déguisait quelquefois en mendiante, par une bizarrerie qu'on pouvait bien lui pardonner dans ce pays de liberté et de masques. Je puis, je dois être court. La vieille me rechercha bientôt et me conduisit chez Angela, qui m'avoua, les joues couvertes du rouge de la pudeur, que son cœur était à moi. Jusque là j'avais nourri l'erreur que la vieille était une infâme amie du vice; mais je sus bientôt le contraire. Angela était chaste et pure comme la neige, et là où j'avais espéré allumer une ardeur criminelle, j'appris à croire en une vertu que maintenant je regarde comme un prestige infernal du diable. Plus ma passion s'enflammait, plus je me sentais disposé à écouter la vieille, qui me répétait sans cesse que je devrais épouser Angela, fût-ce même en secret, puis viendrait le jour où je pourrais poser la couronne sur le front de mon épouse. La naissance d'Angela était, à ce qu'elle disait, égale à la mienne.

Nous fûmes mariés dans l'église San-Filippo. Je crus avoir trouvé le ciel, je renonçai à toutes mes liaisons, je donnai ma démission, on ne me vit plus dans les cercles où jadis je satisfaisais mes coupables penchans. Ce changement de vie me trahit. La danseuse que j'avais quittée découvrit où j'allais tous les soirs, et, espérant en tirer vengeance, elle révéla à mon frère le secret de mon amour. Mon frère me suivit et me surprit dans les bras d'Angela. Il excusa son importunité par une plaisanterie, et me fit des reproches sur ce que, dans mon égoïsme, je ne lui avais pas même accordé la confiance d'un ami; mais je ne vis que trop clairement l'étonnement que lui causait la beauté d'Angela. L'étincelle se changea bientôt en une flamme effrénée. Il vint souvent, quoique toujours dans les momens où il savait m'y trouver. Je crus remarquer que l'amour passionné d'Hector n'était point malheureux, et la jalousie déchira mon cœur. J'étais tombé sous la puissance de l'enfer. Un jour, en entrant chez Angela je crois entendre la voix d'Hector dans le cabinet, je reste pétrifié; mais au même moment Hector entre comme un furieux, la figure en feu, les yeux étincelans: —Maudit! tu ne te trouveras plus sur mon chemin, me crie-t-il en écumant de rage et en m'enfonçant son poignard dans la poitrine jusqu'à la garde. Le chirurgien déclara que l'arme avait traversé le cœur. La Sainte-Vierge a daigné me rendre à la vie par un miracle.....

Le moine prononça ces dernier mots d'une voix tremblante, et tomba dans de sombre réflexions.

— Et que devint Angela? demanda Kreisler.

—Le meurtrier voulant jouir du fruit de son crime, répondit le moine d'une voix rauque, sa bien-aimée fut saisie d'une angoisse mortelle et expira dans ses bras. Du poison....

A ce mot le moine, retombant la face contre terre, râla comme un moribond, Kreisler tira la cloche et mit tout le cloître en mouvement; on accourut et l'on porta Cyprien évanoui dans l'infirmerie.

Kreisler trouva le lendemain matin le prieur d'une humeur fort gaie. — Ah! mon cher Jean, lui cria-t-il, vous ne voulez croire à aucun miracle moderne, et cependant vous avez opéré hier dans l'église le plus grand des miracles qu'on puisse voir. Qu'avez-vous fait à notre saint si orgueilleux, qui est étendu là comme un pécheur repentant, et qui, dans sa crainte de la mort, nous a demandé pardon à tous d'avoir voulu s'élever au-dessus de nous: Vous l'avez peut-être forcé à se confesser, lui qui voulait vous confesser vous même? Kreisler ne voyait pas d'inconvénient à dire ce qui s'était passé entre Cyprien et lui. Il raconta tout, depuis le sermon qu'il avait tenu au moine vaniteux, quand celui-ci voulait dégrader la musique, jusqu'à l'horrible état dans lequel il était tombé au mot poison. Kreisler ajouta qu'il ne savait pourtant pas encore, ni pourquoi ce portrait, si terrible pour le prince Hector, faisait la même impression sur le moine Cyprien, ni comment le maître Abraham avait été enveloppé dans cette affreux événement.

— En vérité, mon fils Jean, dit le prieur avec un sourire gracieux, nous sommes tous bien changés depuis quelques heures. Un caractère vigoureux, une âme bien trempée et surtout le sentiment de la justice, qui repose en nous comme une force divine, font plus que l'œil le plus pénétrant, l'esprit le plus profond. Tu viens de le prouver, mon Jean, en te servant de cette arme, qu'on te donna sans te la faire connaître, d'une manière si habile et dans le moment décisif, en terrassant l'ennemi que le plan le mieux combiné n'aurait peut-être pas mis en fuite. Sans le savoir, tu m'as rendu à moi, au couvent et peut-être à l'église en général, un service dont on ne peut calculer les suites heureuses. Je veux, je puis maintenant être tout-à-fait franc envers toi; je m'éloigne de ceux qui m'ont parlé contre toi, tu peux compter sur moi, Jean! Ta Cécile,— tu sais de quel être enchanteur je veux parler. Mais laissons cela! — Ce que tu voulais savoir de l'horrible événement à Naples, te sera dit en peu de mots. Il a plu d'abord à notre digne frère Cyprien de passer une petite circonstance. Angela mourut du poison qu'il lui avait donné lui-même par une jalousie infernale. Le maître Abraham était alors à Naples sous le nom de Séverino. Il crut trouver des traces de sa Chiara perdue et les trouva en effet, en rencontrant cette vieille, nommée Magdalena Sigrun, que tu connais. C'est au maître que celle-ci s'adressa quand le crime fut commis, et c'est à lui qu'elle remit, en quittant Naples, ce portrait dont tu ne connais pas encore le secret. Appuye sur le petit ressort, le portrait d'Antonio, qui ne sert que d'étui s'ouvrira, et tu verras non-seulement le portrait d'Angela, mais tu trouveras aussi quelques petits morceaux de papiers qui sont de la dernière importance, parce qu'ils constatent le double assassinat. Tu vois maintenant pourquoi ton talisman est si puissant. On dit que maître Abraham a été encore en d'autres rapports avec les deux frères, mais il te le dira mieux que moi. Voyons maintenant ce que fait notre malade.

— Et le miracle? demanda Kreisler en jetant les yeux sur la place du mur où il avait aidé lui-même à accrocher le tableau. Mais combien ne fut-il pas étonné en voyant que la madone de Léonard de Vinci avait repris sa place.
— Et le miracle? demanda-t-il une seconde fois.

— Vous parlez de ce beau tableau, qui était à cette place? répondit le prieur avec un singulier regard. Je l'ai lait mettre pour le moment dans la salle de l'infirmerie. Peut-être que son aspect fortifiera notre pauvre Cyprien, peut-être la Sainte-Vierge le guérira-t-elle une seconde fois.

Kreisler trouva en rentrant chez lui une lettre d'Abraham et y lut ce qui suit :

« Mon cher Jean,

» Allons, quittez l'abbaye, accourez aussi vite que vous pourrez! Le diable a arrangé ici une véritable partie de plaisir. — Le reste verbalement, j'écris avec une difficulté incroyable; car tout me reste à la gorge et menace de m'étouffer. Rien de moi ni de l'espérance qui me sourit. — En deux mots : vous ne trouverez plus la conseillère Benzon, mais bien la comtesse d'Eschenau. Le diplome est arrivé de Vienne et le mariage de Julie avec le digne prince Ignace aussi bien que déclaré. Le duc Irénéus se berce de l'idée du nouveau trône sur lequel il s'asseoira en roi régnant. La Benzon, ou plutôt la comtesse d'Eschenau le lui a promis. Le prince Hector en attendant a joué à cache-cache, jusqu'à ce qu'il ait été forcé de partir tout de bon pour l'armée. Il reviendra bientôt et alors on célèbrera un double mariage.—Ce sera fort gai.— Les trompettes se rincent déjà le gosier, les violons graissent l'archet, les marchands de chandelles à Sieghartsweiler préparent des cierges. — Mais, la fête de la duchesse est tout proche, j'y entreprendrai quelque chose de grand; il faut que vous y soyez. Arrivez dès que vous aurez lu ce billet : courez tant que vous pourrez ! — A propos, prenez garde aux moines; mais le prieur, je l'aime beaucoup ! — Adieu ! »

Le billet du maître était si court et si important que....

NOTE DE L'ÉDITEUR.

A la fin de ce volume, l'éditeur se voit forcé de communiquer au bienveillant lecteur une nouvelle très-affligeante. — Le chat Murr, si prudent, si instruit, si philosophique et si poétique a été emporté par la mort au milieu de sa carrière. Il mourut dans la nuit du 29 au 30 novembre 1819, après de courtes mais pénibles souffrances avec le calme et la fermeté d'un sage. — Pauvre Murr! la mort de ton ami Mucius était l'avant-coureur de la tienne, et si je devais faire ton oraison funèbre, elle serait tout autre que celle de l'insensible Hinzmann; car je t'ai aimé, plus aimé que tous les autres. — Adieu. — Que la paix soit avec ton âme!

— Et la biographie de Kreisler? — On ne sait où Murr a mis le reste des feuilles qu'il avait volées. Quelques feuillets épars se sont seulement retrouvés; c'est un cahier de notes écrites par Kreisler lui-même, avec l'ordre et la suite qui ont toujours caractérisé ses idées. — Elles sont dignes de compléter ce judicieux ouvrage *.....

---

* La mort saisit Hoffmann tandis qu'il composait cet ouvrage. On vient de lire les dernières lignes qu'il écrivit. Les *souffrances musicales* composées depuis longtemps, avaient été insérées dans un journal.

FIN DU CHAT MURR.

LES
SOUFFRANCES MUSICALES
DU MAITRE DE CHAPELLE
JEAN KREISLER.

LES
SOUFFRANCES MUSICALES,

§ I.

LA SOIRÉE MUSICALE.

Ils sont tous partis. — J'aurais dû m'en apercevoir aux bourdonnemens, aux frôlemens, aux glissemens, aux mouvemens de toute espèce ; c'était une véritable ruche d'abeilles qui quitte son panier pour aller essaimer. Gottlieb m'a allumé de nouvelles bougies, et il a placé une bouteille de Bourgogne sur le piano. Je ne puis plus jouer, car je suis tout épuisé; la faute en est à mon vieil ami qui est là sur le pupitre, qui m'a emporté dans les airs comme Méphistophélès emporte Faust sur son manteau, et qui m'a enlevé si haut que je n'apercevais plus tous ces petits hommes au-dessous de moi, en dépit de tout le bruit qu'ils faisaient. — Une misérable et indigne soirée, perdue et jetée aux chiens! Mais maintenant, je me trouve bien, je respire facilement. — N'ai-je pas tiré mon crayon pendant que je jouais, et noté à la page 63 quelques bons motifs en chiffres, tandis que je travaillais le piano de la main gauche! Je laisse là les chiffres et les notes et comme le convalescent qui ne peut se lasser de raconter ce qu'il a souffert, je note en détail les tourmens abominables de cette soirée de thé. Ces notes ne sont pas pour moi seul, elles s'adressent à tous ceux qui ouvriront cet exemplaire de variations pour le piano de Jean Sébastien Bach, publié chez Naegeli à Zurich, et qui, suivant le mot latin *verte*, tourneront habilement la page. Ceux-là devineront tout d'abord ma situation ; ils sauront que le conseiller privé Roederlin qui tient ici une fort bonne maison, a deux filles dont le monde élégant ne parle qu'avec enthousiame, car elles dansent comme des déesses, elles parlent français comme des anges; et chantent et dessinent comme les muses. Le conseiller privé Roederlin est un homme riche, il donne à ses dîners périodiques les meilleurs vins, les mêts les plus choisis, tout est établi chez lui sur un pied élégant et quiconque ne s'amuse pas à ses thés d'une manière céleste, est un homme de mauvais ton, de peu d'esprit et d'une organisation étrangère aux beaux-arts, car on s'occupe beaucoup de beaux-arts chez le conseiller. Avec le punch, le thé, le vin et les glaces, on a toujours soin de servir un peu de musique qui est prise par le beau monde avec la même bonté que tout le reste. L'arrangement est tel : après avoir donné à chacun le temps de prendre un certain nombre de tasses de thé, les domestiques apportent les tables de jeu pour la partie solide de la société, qui préfère les cartes à la musique, divertissement qui fait, il est vrai, moins de bruit inutile et qui rapporte au moins quelque argent. — A ce signal, la partie la plus jeune du cercle entoure les demoiselles Roederlin. Il en résulte un tumulte dans lequel on distingue ces mots :

— Mademoiselle, ne nous refusez pas la

jouissance de votre beau talent. —
O chantez quelque chose, ma bonne.
— Ce n'est pas possible. — Un rhume.
— Le dernier bal.— Je n'ai rien appris.
— Oh ! je vous en prie. — Nous vous
en supplions, etc. Pendant ce temps,
Gottlieb a ouvert le piano et placé sur
le pupitre le livre de musique qu'il
connaît bien. La voix de la maman se fait
entendre de la table de jeu : —Chantez
donc mes enfans ! c'est l'entrée de mon
rôle. Je me place au piano, et les demoiselles Roederlin sont conduites en
triomphe vers l'instrument. Alors naît
une autre difficulté. Aucune d'elles ne
veut chanter la première.

— Tu sais, ma chère Annette, combien je suis enrhumée.

—Le suis-je moins que toi, ma chère
Marie ?

— Je chante si mal.

— O ma chère ! commence.

Mon idée (elle me vient chaque fois que ces demoiselles veulent chanter un duo) est généralement applaudie, on feuillette le livre au hasard, on trouve enfin la page qu'on a soigneusement marquée, et on commence : *Dolce del l'anima* etc.

Le talent des demoiselles de Roederlin n'est pas peu de chose. Depuis cinq ans et demi, je suis leur maître de musique, et en ce court espace de temps, mademoiselle Annette en est venue à chanter, de manière à ce qu'on le reconnaisse aussitôt, un air qu'elle a entendu dix fois au théâtre et qu'elle a ensuite essayé dix fois sur le piano. Mademoiselle Marie le saisit dès la huitième fois, et si quelquefois elle se tient un quart de ton plus bas que le piano, cela est fort supportable par les petites mines qu'elle fait faire à ses lèvres roses. — Après le duetto, grand chorus d'applaudissemens! alors les airs et les duos se succèdent, et je martèle pour la millième fois le piano, de mes accompagnemens. Pendant le chant, la conseillère de finances a donné à entendre, par ses mouvemens et ses accompagnemens de tête, qu'elle chante aussi. Mademoiselle Annette lui dit : — Mais, ma chère conseillère, il faut que tu nous fasses aussi entendre ta voix divine. Il s'élève un nouveau tumulte. Elle a aussi son rhume. — Elle ne sait rien par cœur! — Gottlieb apporte deux brassées de musique, et on se met à feuilleter et à refeuilleter. Elle veut d'abord chanter : *Venez affreux serpents*, etc; puis : *Levez-vous, race impie*, etc ; puis : *Quand j'aimais*, etc. Dans son embarras, je lui propose : *Une violette sur la prairie*, etc. Mais elle est pour le grand genre, elle veut le prouver, et s'en tient aux airs sérieux. — Oh! crie, miaule, grince, brais, gargarise, roucoule, j'ai touché la pédale du fortissimo, et je fais retentir le piano comme un orgue. — O Satan, Satan! lequel de tes esprits infernaux est entré dans ce gosier, qui force et torture tous les tons. Quatre cordes ont déjà sauté, et un des marteaux est invalide. Les oreilles me tintent, ma tête bourdonne, mes nerfs tremblent. Tous les sons braillards des trompettes de la foire ont donc été relégués dans ce gosier féminin. — J'en ai des vertiges, et je bois un verre de Bourgogne! — On applaudit à tout rompre, et quelqu'un remarque que la conseillère et Mozart m'ont mis en feu. Je souris les yeux baissés et fort bêtement. Alors tous les talens, restés jusqu'ici dans l'ombre, s'émouvent et se croisent. On se propose de se livrer à des excès musicaux, d'exécuter des morceaux d'ensemble, des chœurs, des finales. Le chanoine Kratzr a une belle voix de basse, dit une jeune tête qui ajoute qu'elle chante les seconds ténors. On organise promptement le premier chœur de la *Clemenza di Tito*. Cela marche à merveille? le chanoine, placé derrière moi, fait ronfler sa voix de basse sur ma tête, comme s'il chantait à la cathédrale avec accompagnement obligé de trompettes et de clairons; il attaque fort justement les notes, en prenant toutefois une mesure trop lente; les autres expriment une sympathie décidée pour la musique grecque, qui ne connaissait pas l'harmonie comme on sait, en chantant à l'unisson. — Ce bruyant concert produit une sorte de tension tragique et même quelque effroi, surtout aux tables de jeu qui ne peuvent plus, comme auparavant, prendre part à l'effet dramatique de la scène, en plaçant leur récitatif au milieu de la musique, comme par exemple : — Ah! j'aimais. — Quarante-huit. — Quel bonheur enivrant! — Je passe. — Ton âme pure! — Whist. — Les douleurs de l'amour. — Dans la couleur, etc. C'est-là le point culminant de la soirée musicale. C'est donc fini! Je ferme le livre et je me lève. Mais le baron, mon vieux ténor, s'avance vers moi et me dit : — O mon cher maître de chapelle, on dit que vous improvisez admirablement. Oh! improvisez-nous donc quelque chose, la moindre chose, je vous en prie!

Je réponds sèchement que mon imagination m'a abandonné pour l'instant, et, tandis que nous parlons, un diable, sous la forme d'un élégant avec deux gilets, a découvert sous mon chapeau dans l'antichambre, mon cahier des variations de Bach ; il pense que ce sont de petites variations sur *Nel cor più non mi sento* ou *Ah! vous dirai-je maman*, etc, et il veut absolument que je me mette à les jouer. Je balance; ils tombent tous à la fois sur moi. — Allons, me dis-je, écoutez donc et mourez d'ennui! et je commence. A la troisième variation, plusieurs dames s'éloignent, suivies de plusieurs jeunes gens. Les demoiselles Roederlin tinrent bon jusqu'au n° 12, parce que c'était leur maître qui jouait. Au n° 15, l'homme aux deux gilets battit en retraite. Le baron resta jusqu'au n° 30, par excès de politesse, et s'amusa à boire le punch que Gottlieb avait placé pour moi sur le piano. J'aurais terminé là, mais le thème de ce n° 30, m'entraînait irrésistiblement. Ces feuilles in-quarto se changèrent pour moi en feuilles gigantesques où se déployaient des milliers d'imitations de ce thême, et que je ne pouvais m'empêcher de jouer. Les notes devinrent vivantes, et étincelèrent autour de moi comme le feu électrique qui jaillit des doigts à l'approche de la machine; toute la salle se remplit de vapeurs au milieu desquelles les bougies brillaient d'une faible lueur; quelquefois j'y appercevais un nez, ou deux yeux, mais ils disparaissaient presque aussitôt. C'est ainsi qu'il arriva que je me trouvai seul avec mon Sébastien Bach et Gottlieb qui me servait comme un esprit familier.— Je bois ! — Devrait-on tourmenter d'honnêtes musiciens par la musique, comme je l'ai été aujourd'hui? Vraiment, il n'est pas d'art dont on ne puisse faire un si damnable usage que l'art divin de la musique qui se flétrit si facilement ! — Avez-vous véritablement du talent, une âme d'artiste; bon, apprenez la musique, et donnez, dans une juste mesure, aux initiés, la jouissance de votre talent. Voulez-vous faire de la musique sans tout cela, faites-le pour vous et entre vous, et ne tourmentez pas le maître de chapelle Kreisler et d'autres.

Maintenant je pourrais retourner au logis et achever mes nouvelles sonates. mais il n'est pas encore onze heures, et c'est une belle nuit d'été. Je suis sûr que, dans la maison du veneur, ses filles chantent les fenêtres ouvertes : *Quand je vois tes yeux*, *etc.*, et qu'elles répètent vingt fois la première strophe en regardant dans la rue. Au-dessus d'elles, un autre voisin martyrise sa flûte en se faisant lui-même mal aux poumons comme le neveu de Rameau ; et plus loin un autre amateur fait des essais acoustiques avec son cor. Les nombreux chiens du quartier s'agitent à leur tour, et mon chat domestique excité par ces doux accords, fait près de ma fenêtre (il s'entend que mon laboratoire musical poétique est une mansarde) de tendres aveux à la chatte du voisin, en parcourant tous les tons de l'échelle chromatique.

A onze heures, tout redevient plus calme; et je reste à mon piano aussi long-temps que durent mon papier blanc et ma bouteille de vin de Bourgogne. — Il y a, je l'ai entendu dire, une ancienne loi qui interdit l'exercice des professions bruyantes dans le voisinage des savans : pourquoi les pauvres compositeurs qui sont obligés de ménager leurs inspirations pour alonger péniblement le fil de leur vie ne profiteraient-ils pas aussi du bénéfice de cette loi, pour bannir loin d'eux ceux qui les obsèdent? Que dirait le peintre qu'on entourerait de figures ridicules tandis qu'il cherche à saisir son idéal ! Encore s'il fermait les yeux, il pourrait se livrer en paix à son inspiration. Mais moi, j'aurais beau mettre du coton dans mes oreilles, j'entendrais toujours cet horrible tintamarre, et puis cette seule idée : maintenant ils chantent.— Voici le cor,—suffirait pour chasser les pensées les plus sublimes.

Ma feuille est remplie de mes notes, il ne me reste qu'un peu de blanc près du titre, je veux m'en servir pour remarquer pourquoi je reviens sans cesse chez le conseiller, après avoir pris mille fois la résolution d'échapper à sa société. C'est la charmante nièce de M. de Roederlin qui me retient dans cette maison par des liens que les muses ont tressés. Quand on a eu le bonheur d'entendre la scène finale de l'Armide de Gluck, ou la grande scène de Donna Anna du Don Juan, chantées par mademoiselle Amélie, on peut comprendre qu'une heure, passée au piano avec elle, guérit toutes les blessures que m'ont faites durant le jour tous les faux accords que j'ai été forcé d'entendre. Le conseiller, qui ne croit pas plus à l'harmonie qu'à l'immortalité de l'âme, regarde sa nièce comme incapable de faire l'ornement de son cercle où elle refuse toujours de chanter; il aime peu son chant d'ailleurs, car les sons soutenus et cadencés qui me transportent au ciel, il prétend qu'elle les a dérobés au rossignol, créature déraisonnable qui ne vit qu'au fond des bois, et que les êtres sensés ne doivent pas chercher à copier. Elle porte même l'abandon si loin qu'elle se fait accompagner sur le violon par Gottlieb, lorsqu'elle joue de sonates de Beethoven ou de Mozart auxquelles tous les joueurs de whist et les buveurs de thé ne sauraient rien comprendre. — Me voici à mon dernier verre de Bourgogne.— Gottlieb mouche les lumières et semble étonné de ma persévérance à écrire. On a bien raison de faire cas de Gottlieb qui n'a encore que seize ans. C'est un bon et solide talent. Mais aussi pourquoi son père le greffier est-il mort sitôt? Le pauvre diable s'est vu forcé d'endosser la livrée. Quand Rode était ici, Gottlieb passait toutes les soirées, l'oreille clouée à la porte, et toutes les nuits à jouer sans relâche. Le jour, il était distrait et rêveur, et cette tache rouge qu'il a conservée à la joue, est la marque du solitaire que porte au doigt le conseiller, dont la main un peu lourde le tira un jour fort brusquement de sa rêverie. Je lui ai prêté entre autres morceaux, les sonates de Corelli, et il s'est mis à travailler si vigoureusement sur le vieux clavecin qu'on a relégué au grenier, que pas une des souris qui s'étaient logées dans l'instrument, n'a survécu à cette attaque. — Jette-la loin de toi, cette livrée avilissante, honnête Gottlieb, et fais que dans quelques années je presse en toi sur mon cœur le grand artiste et l'homme de génie !

Gottlieb était derrière moi, et essuyait les larmes qui coulaient de ses yeux tandis que je prononçais ces paroles.— Je lui serrai la main en silence, puis nous montâmes au grenier et nous nous mîmes à jouer ensemble les sonates de Corelli.

§ II.

L'ENNEMI DE LA MUSIQUE.

C'est cependant une chose admirable que d'être si complètement musical, qu'on puisse exécuter joyeusement et d'une main légère les grandes masses que les maîtres ont élevées par des milliers de notes et des tons de divers instrumens, sans éprouver l'impression douloureuse d'un ravissement passionné, les déchiremens que causent les efforts impuissans. — On peut alors se réjouir de l'excellence d'une exécution musicale, et laisser éclater sans danger toute sa satisfaction. Je ne veux pas songer au bonheur d'être moi-même un virtuose; car la douleur que j'éprouve de mon incapacité, dans un art auquel je me suis voué depuis mon enfance, serait encore bien plus profonde.

Mon père était certainement un excellent musicien; il jouait assidûment jusque bien avant dans la nuit sur un grand piano, et quand il y avait un concert à la maison, il jouait alors de très-longs morceaux dans lesquels les autres l'accompagnaient un tant soit peu sur le violon, sur la basse, le cor et la flûte. Quand un de ces longs morceaux était achevé, ils s'exclamaient tous très-fort et criaient:—Bravo! bravo! quel beau concert, comme c'est achevé, comme c'est rudement joué! — Et ils prononçaient avec respect le nom d'Emmanuel Bach.

Mais mon père avait fait tant de bruit et de tapage, qu'il me vint à la pensée que ce n'était pas là de la musique, car je songeais à certaines mélodies qui m'allaient au cœur, et je me mis à croire qu'il faisait tout cela par plaisanterie, comme aussi les autres applaudissaient et accompagnaient pour plaisanter à leur tour. — Dans de telles solennités, j'étais toujours boutonné dans mon habit des dimanches, et j'étais forcé de rester assis sur une grande chaise, près de ma mère, sans parler et sans bouger. Le temps me semblait incroyablement long, et je n'aurais pas pu supporter cet ennui, si je n'eusse pris plaisir aux grimaces et aux mouvemens comiques des joueurs. Je me souviens encore surtout d'un vieil avocat qui jouait toujours du violon tout près de mon père, et dont il disait toujours que c'était un enthousiaste exagéré fou pour la musique, qui au milieu de son amour pour le génie de Bach, de Wolff ou de Benda, manquait sans cesse la mesure et n'attaquait jamais justement la note. — Cet homme là est encore devant mes yeux. Il portait un habit couleur de prune avec des boutons d'or, une petite épée d'argent et une perruque rougeâtre et peu poudrée d'où pendait une petite bourse noire. Il gardait un sérieux imperturbable dans tout ce qu'il faisait. — *Ad opus!* S'écria-t-il lorsque mon père distribuait les morceaux de musique sur les pupitres. Puis il saisissait son violon de la main droite, et de la gauche sa perruque qu'il ôtait et qu'il accrochait à un clou. Alors il se levait, s'inclinant de plus en plus sur sa musique, et jouant avec tant d'ardeur que ses petits yeux devenaient étincelans et que les gouttes de sueur lui découlaient du front. Il arrivait quelquefois qu'il avait plutôt fini que les autres, ce dont il ne s'étonnait pas peu tout en regardant les musiciens, d'un air très-fâché. Souvent aussi il me semblait qu'il produisait des sons semblables à ceux que Pierre, le fils du voisin, arrachait à notre chat en découvrant en véritable naturaliste ses goûts cachés pour la musique, par une pression un peu forte de sa queue : expériences pour lesquelles il était de temps en temps rossé par mon père. (Je parle de Pierre.) — Bref, l'avocat couleur de prune, — il se nommait Musewius, — me dédommageait de l'ennui de mon immobilité, par ses bonds, son jeu et ses contorsions. — Une fois il causa une interruption dans la musique. Mon père s'élança de son piano, et tous les autres accoururent, craignant qu'il ne lui fût arrivé quelque fâcheuse catastrophe. En effet, il avait commencé par secouer doucement la tête et était arrivé jusqu'à un crescendo toujours plus violent qu'il avait accompagné de trépignemens et de violens coups d'archet sur ses cordes. Mais ce n'était rien qu'une mouche ennemie, qui, restant avec opiniâtreté dans le même cercle, n'avait cessé de bourdonner autour de lui, et qui, chassée vingt fois, était retournée vingt fois se placer sur son nez! C'est cette attaque répétée qui l'avait jeté dans le plus violent désespoir.

Il arrivait quelquefois que la sœur

de ma mère chantât un air. Ah! quel bonheur elle me causait. Je l'aimais passionnément, elle s'occupait beaucoup de moi et me chantait souvent de sa charmante voix qui pénétrait jusqu'au fond de mon âme, une foule de chansons délicieuses, dont je porte encore en moi le souvenir. C'était toujours quelque chose de solennel lorsque ma tante faisait sa partie dans un air de Hasse, de Traeta ou de quelque autre maître. Alors il n'était pas permis à l'avocat d'accompagner. Déjà tandis qu'on exécutait l'introduction, et avant que ma tante eût commencé, le cœur me battait et un singulier sentiment de joie et de douleur remplissait mon âme; je pouvais difficilement me contenir. Mais à peine ma tante avait-elle chanté un passage que je commençais à pleurer amèrement et que mon père me chassait de la salle en me disant des injures.

Souvent mon père disputait avec ma tante à ce sujet, car elle prétendait que ma conduite ne provenait nullement de ce que la musique m'était désagréable, mais bien de l'extrême délicatesse de mes organes, qui s'affectaient facilement; mais mon père me traitait d'imbécille qui, disait-il, beuglait d'ennui, comme un chien anti-musical. Ma tante trouvait un puissant motif, non pas seulement de me défendre, mais encore de m'attribuer un sentiment profond de la musique, dans une particularité qu'elle avait remarquée en moi; en effet, quand par hasard mon père n'avait pas fermé son piano, elle me voyait occupé des heures entières à frapper des accords et à les écouter. Je penchais la tête sur le couvercle de l'instrument, et, fermant les yeux, j'étais dans un autre monde; puis enfin je fondais en larmes sans savoir si c'était de plaisir ou de douleur. Ma tante m'avait souvent épié avec satisfaction, mais mon père traitait tout ce manège de folies enfantines. En général elle semblait peu d'accord avec lui sur beaucoup de choses et particulièrement sur la musique, elle admirait beaucoup les compositions des maîtres italiens qu'elle trouvait pleines de simplicité et d'éclat; et mon père qui était un homme violent, traitait ce genre d'œuvre molle et indigne d'occuper une intelligence. Mon père parlait toujours d'intelligence, et ma tante toujours de sentiment. Enfin, elle obtint que mon père me ferait donner des leçons de piano par un vieux chantre qui venait racler du violon dans le concert. Mais, mon Dieu, on vit bientôt que ma tante avait eu trop de confiance en moi, et que mon père avait raison. Je ne manquais pas d'oreille et de goût pour la mélodie, disait le chantre ; mais ma gaucherie sans égale gâtait tout. Dès que je me mettais à étudier un morceau, je tombais involontairement dans mon ancienne habitude de chercher des accords, et je ne pouvais avancer. Je m'étais avancé avec une peine incroyable à travers plusieurs tons, jusqu'à un passage désespéré qu'on avait marqué de quatre croix, écrit en E dur comme je m'en souviens encore. Sur ce passage était écrit en grosses lettres *cherzando presto*, et lorsque le chantre le joua devant moi, il lui donna quelque chose de sautillant et de léger, qui me déplut. Ah! que de larmes me coûta ce maudit *presto*! Enfin, approcha le jour terrible où je devais donner devant mon père et ses amis la preuve de mon talent, je savais bien tout jusqu'à ce maudit *presto*. Un soir je me mis au piano, dans une sorte de désespoir pour jouer à tout prix, sans faute le fameux morceau. Je ne sais comment il se fit que je jouai le morceau sur un autre ton ; je ne manquai pas une note, mais le ton était différent, et il me sembla qu'il était beaucoup mieux ainsi, que de la façon dont le jouait le chantre. Je pris alors courage, et le lendemain je commençai bravement mon morceau, aux acclamations de mon père qui disait de temps en temps : — Je n'aurais pas attendu cela de lui !

Lorsque le *scherzo* fut achevé, le chantre me dit tout amicalement : — Eh ! c'était pourtant ce diable de ton en *E* dur ! Et mon père se tournant vers un de ses amis, lui dit : — Voyez-vous comme mon garçon se tire bien de l'*E* dur qui est si difficile !

— Permettez, mon cher, répondit celui-ci, c'était en *F* dur.

— Du tout, du tout! dit mon père.

— Eh! je vous assure, répliqua son ami. Nous allons bien voir.

Tous deux s'approchèrent du piano.

— Voyez-vous! dit mon père d'un air triomphant en montrant le passage aux quatre croix.

— Et cependant le petit a joué en F. dur, reprit l'ami.

Moi je restais fort tranquillement, car je ne savais pas trop sur quoi ils disputaient. Mon père me fit recommencer. A peine eus-je joué quelques mesures, que sa main me tira les oreilles.

— Petit imbécille! s'écria-t-il hors de lui. Je m'en fus en pleurant et en criant, et ce fut fait pour toujours de mes leçons de musique. Ma tante prétendit, il est vrai, que la facilité de jouer tout un morceau sur un autre ton était la preuve d'un véritable talent musical; mais je crois moi-même maintenant que mon père avait raison de renoncer à me faire apprendre un instrument, car la raideur et la gaucherie de mes doigts s'opposaient à tous mes progrès.

Cette gaucherie doit éteindre jusqu'à la partie morale de moi-même, relativement à la musique. Ainsi je n'ai que trop souvent éprouvé du dégoût, de l'ennui, en écoutant des virtuoses célèbres, et tandis que tout le monde se pâmait d'admiration je ne pouvais m'empêcher d'exprimer mon opinion qui me livrait aux risées des gens de goût. Ne m'arriva-t-il pas semblable chose, lorsqu'un célèbre pianiste vint dans notre ville et se fit entendre chez un de mes amis.

— Aujourd'hui enfin, vous serez certainement guéri de votre inimitié pour la musique, me dit cet ami. L'admirable N*** vous enlèvera, vous ravira.

Je fus obligé, malgré moi, de me placer près du piano. Le virtuose se mit alors à détonner de haut en bas, et à faire de terribles roulemens dont la durée me donna des éblouissemens; mais bientôt un autre objet attira mon attention, et je regardai sans doute singulièrement dans l'intérieur du piano qui était ouvert, car à la fin de tout cet orage, mon ami me prit par le bras et s'écria : — Eh bien! vous êtes tout pétrifié. Vous éprouvez donc enfin l'effet céleste de sa musique?

Je convins sincèrement que j'avais peu écouté le musicien, et que j'avais été absorbé par le spectacle des touches et des marteaux dont je suivais les mouvemens rapides : et là-dessus tout le monde se mit à rire. — Que de fois il m'arrive d'être regardé comme un homme incapable de sentir quand je m'échappe de la chambre dès qu'on ouvre le piano, ou que telle ou telle dame prend la guitarre pour accompagner son chant ; car je sais déjà que cette musique qu'ils font d'ordinaire, me donne des nausées et me gâte l'estomac. — Mais c'est là le malheur et ce qui me vaut les mépris du beau monde. Je sais bien qu'une voix, qu'un chant comme celui de ma tante, me pénètrent l'âme et excitent en moi des sentimens pour lesquels je n'ai pas de paroles ; il me semble que c'est l'expression de la félicité céleste, mais aussi il n'est point d'expression dans le langage terrestre, pour la dépeindre ; en entendant une telle cantatrice je reste muet et recueilli au fond de moi-même où résonnent encore les tons qui m'ont charmé, et c'est alors qu'on me traite de cœur froid et d'ennemi de la musique.

Juste en face de moi demeure le directeur des concerts qui fait exécuter chez lui, tous les mercredis, des quatuors dont j'entends jusqu'à la plus légère note; car l'été, lorsque les rues sont calmes, mes fenêtres ouvertes, alors je m'assieds sur mon sopha, j'écoute les yeux fermés, et je suis rempli de délices. — Mais seulement durant le premier quatuor, car au second les sons ne se trouvent plus si bien soutenus; et au troisième, je trouve la musique insupportable. Alors il faut que je m'enfuie, et le directeur a bien souvent ri en me voyant m'échapper avec fureur.

Ils jouent souvent m'a-t-on dit, jusqu'à six ou sept de ces quatuors, et j'admire en vérité l'imagination extraordinaire, la vigueur musicale qu'il faut avoir pour exécuter et écouter consécutivement autant de musique. — Je tiens la même conduite dans les concerts, où souvent la première symphonie excite en moi un tel tumulte que je suis mort pour tout le reste. Oui, souvent les premières mesures m'ont causé un si grand transport, elles m'ont si puissamment ébranlé que je me lève pour distinguer toutes les apparitions singulières dont je suis frappé, pour me mêler aux fantômes qui dansent autour de moi, et avec lesquels je me trouve appareillé, sous la même forme qu'eux. Il me semble alors que je suis moi-même la musique que j'ai entendue. Aussi je ne demande jamais le nom du compositeur. Que m'importe? Je crois alors que ce bruit m'a excité au plus haut dégré, et que, dans mon délire, j'ai composé tout cela.

En écrivant pour moi ces lignes, je tremble et je crains de me repentir d'avoir laissé échapper de mes lèvres l'aveu simple et naïf de mes sentimens. Qu'on rirait de moi en lisant ces pages!

Lorsque je m'échappe de la salle du concert après la première symphonie, ils se mettent à crier : — Le voilà qui se sauve, l'ennemi de la musique! et ils me plaignent, car tout homme bien élevé prétend aujourd'hui avec raison qu'après l'art de saluer convenablement et l'art non moins nécessaire de parler de ce qu'on ignore, on doit aimer et cultiver la musique. Mon malheur à moi veut que cette jouissance me pousse dans les bois solitaires, où je me recueille aux accens des oiseaux, au murmure des torrens et au frémissement du feuillage. Cette difficulté que j'éprouve à comprendre la musique me fait aussi beaucoup de tort à l'opéra. Quelquefois sans doute, il me paraît qu'on y fait un tapage musical pour chasser l'ennui, à peu près comme on fait retentir les cymbales et les clairons devant les caravanes pour éloigner les bêtes féroces; mais souvent aussi, il me semble que les personnages ne sauraient trouver d'autres accens que ceux de la musique pour exprimer leurs pensées, que l'empire des merveilles s'ouvre à leur voix, alors j'ai le courage de me soutenir dans le tourbillon où je me trouve jeté. A ces opéras-là, j'y viens et j'y reviens sans cesse; ils s'offrent toujours à moi avec plus de clarté, et toutes les figures qui s'y montrent, devenues des amis, s'avancent vers moi avec bienveillance et m'entraînent dans leur vie brillante et magnifique. — Je crois que j'ai entendu, au moins cinquante fois, l'Iphigénie de Gluck. Les véritables musiciens rient certainement de cette folie et diront : « A la première fois, j'avais déjà tout compris, et à la troisième, j'en avais suffisamment. » Que voulez-vous, un mauvais démon me poursuit et me force à me rendre ridicule. Ainsi dernièrement à l'Opéra, au moment où je remarquais en moi-même que la musique était nulle et insignifiante, un voisin me poussa en disant : « Voici une situation admirable. » Et moi qui ne pouvais imaginer qu'il voulût parler d'autre chose que de sa place du parterre où nous nous trouvions, je lui répondis innocemment : « Oui, très-bonne, mais il y siffle un vent désagréable. » — L'anecdote se répandit bientôt dans toute la ville où il ne fut long-temps question que du vent qui sifflait dans l'opéra nouveau. — On rit encore de moi, cependant j'avais raison.

Croirait-on qu'en dépit de tout cela, il est encore un véritable musicien qui a conçu la même opinion que ma tante avait de mon organisation musicale.

— Sans doute personne n'y attachera

grande importance, quand je dirai que
ce musicien n'est autre que le maître
de chapelle Jean Kreisler, si décrié
partout à cause de ses idées fantastiques; mais je n'en suis pas moins fier
qu'il veuille bien faire de la musique
pour moi seul. Ce fut lui qui me dit
dernièrement que j'étais semblable à
ce disciple du temple de Saïs, qui semblait sans intelligence à ses confrères,
et qui trouva cependant la pierre mer-
veilleuse, que les autres cherchaient
en vain. Je ne le compris pas, parce
que je n'avais pas là les œuvres de Novalis, auxquelles il me renvoya. J'ai
envoyé demander ce livre au cabinet
de lecture, mais je ne l'aurai sans doute
pas; car c'est, dit mon ami, un ouvrage admirable, et sans doute on le
lit beaucoup. — Mais non, on m'apporte
à l'instant les œuvres de Novalis, deux
petits volumes, et le bibliothécaire me

fait dire que je puis les garder à loisir, attendu qu'ils restent toujours chez lui et que personne ne les demande. Je vais donc voir ce que c'est que ce disciple de Saïs, auquel on me compare.

FIN DU TOME XII.

TABLE

DU DOUZIÈME VOLUME.

QUATRIÈME PARTIE.

	Pages.
Quinzième fragment de Maculature.	5
Le Manuscrit de Murr.	31
Seizième fragment de Maculature.	81
Le Manuscrit de Murr.	123
Dix-septième fragment de Maculature.	145
Les Souffrances Musicales du maître de chapelle Jean Kreisler.	187
La Soirée Musicale.	190
L'Ennemi de la Musique.	207

FIN DE LA TABLE.